Perdão
a chave para a
Liberdade

Adriana Machado
pelo espírito
Ezequiel

Série
Romance Mediúnico

Perdão
a chave para a
Liberdade

Adriana Machado

pelo espírito
Ezequiel

Dufaux

PERDÃO, A CHAVE PARA A LIBERDADE
Copyright © 2015 by Editora Dufaux
1ª Edição | abril 2015 | do 1º ao 5º milheiro
3ª reimpressão | março 2019 | 20º a 21º milheiro

Dados Internacionais de Catalogação Pública

EZEQUIEL (Espírito)
Perdão, a chave para a liberdade
Ezequiel (Espírito): psicografado por Adriana Machado

   DUFAUX: Belo Horizonte, MG, 2015.

   174 p.   16 x 23 cm

   ISBN 978-85-63365-63-7

      1. Espiritismo

      I. Adriana Machado   II. Título

CDU 133.9

          Impresso no Brasil   Printed in Brazil   Presita en Brazilo

EDITORA DUFAUX
R. Contria, 759 - Alto Barroca
Belo Horizonte - MG
CEP: 30431-028
(31) 3347-1531
COMERCIAL@EDITORADUFAUX.COM.BR
WWW.EDITORADUFAUX.COM.BR

 Conforme novo acordo ortográfico da língua portuguesa ratificado em 2008.

Todos os direitos reservados à Editora Dufaux. É proibida a sua reprodução parcial ou total através de qualquer forma, meio ou processo eletrônico, digital, fotocópia, microfilme, internet, cd-rom, dvd, dentre outros, sem prévia e expressa autorização da editora, nos termos da Lei 9 610/98 que regulamenta os direitos de autor e conexos.

Havia muita tristeza no ar por causa da doença de Henrique.

Pessoas iam e vinham trazendo água fresca e toalhas limpas para passarem em seu rosto e corpo febris. Os médicos já tinham feito de tudo, mas nenhum resultado positivo tinha sido atingido até agora. Não conseguiam, ao menos, diagnosticar o problema e isso trazia ainda mais desolação aos pais, parentes e amigos daquela meiga criança.

Henrique era um menino de oito anos de idade, muito bonito, cabelos lisos castanhos, tez clara, olhos pretos, amendoados e vivos. Tinha sempre uma palavra de conforto aos que se sentiam desolados e jamais perdia a esperança diante das dificuldades. Era uma criança cheia de vida e, até mesmo naquele momento de grande tristeza, em que todos tinham a certeza da proximidade de sua morte, ele consolava seus pais dizendo que estava bem e seus olhos não perdiam o brilho que encantava a tantos.

Onofre, seu pai e Luíza, sua mãe, tiveram muita dificuldade para ter filhos. Foram anos de tentativas até que Luíza ficasse grávida e essa notícia trouxe grande alegria para a família. Mas o período de gestação também não foi nada fácil. Luíza teve de ficar quase todo o tempo de cama, pois corria o risco de perder a criança. Nada disso, porém, foi considerado sacrifício para aquela mãe cuidadosa. E, finalmente, Henrique nasceu.

Onofre, homem muito severo, mudou completamente de comportamento após o nascimento de Henrique. A paternidade fez com que muitos valores rígidos e sem sentido fossem esquecidos. Antes, ele era uma pessoa muito preocupada com os negócios e chegava a ser cruel com as pessoas com as quais negociava. Não perdoava dívidas, levando seus devedores à prisão, se necessário fosse, como aconteceu com o senhor Martins. Mas tudo isso mudou e todos eram unânimes em afirmar que, a cada ano com Henrique, Onofre se tornava mais bondoso.

Hoje ele pode se considerar um homem rico, mas quando conheceu Luíza, Onofre não tinha nada e tudo que conquistaram foi fruto de muito trabalho, muito suor.

Luíza era a única pessoa com quem Onofre conversava amenidades e falava sobre os seus temores. Ele a amava muito. Ela sempre foi a sua companheira, principalmente nos momentos de maiores dores e de pobreza.

Onofre, quando jovem, era um homem trabalhador, porém, muito revoltado com a sua condição de pobreza. Mas, foi em um dia de muita tristeza que ele se dirigiu para um bar e lá permaneceu até ficar extremamente bêbado. Foi neste dia em questão que ele conheceu Luíza.

Ele tinha acabado de sair do bar quando dois indivíduos o cercaram colocando uma faca em seu pescoço, anunciando o assalto. Agindo imprudentemente devido ao efeito do álcool, Onofre agarrou um dos bandidos para tentar se defender, mesmo sabendo que não tinha nada para ser roubado, pois já havia gastado todo o seu dinheiro no bar. Infelizmente, ele acabou levando a pior, sendo esfaqueado e abandonado em um beco escuro.

Pouco tempo depois, Luíza e sua amiga Judite vinham passando e ao ouvirem uns gemidos foram ver o que estava acontecendo. Foi quando encontraram Onofre sangrando muito. Compadecidas com seu estado, o levaram para um hospital.

Alguns dias depois, estando já fora de perigo, porém sem se lembrar de muita coisa, ele questionou os enfermeiros sobre o que havia acontecido. Ficou sabendo apenas que duas jovens o encontraram

sangrando num beco próximo à Igreja e o trouxeram até ali.

Ele começou a ter uma vaga lembrança de um rosto de mulher que, com muito carinho em suas palavras, lhe dava forças para caminhar até o hospital. Tentando descobrir quem era essa mulher, perguntou se alguém conhecia pelo menos uma das moças que o socorreu e uma enfermeira lhe disse, sem muita certeza, que uma delas trabalhava na igreja, em um grupo de auxílio aos mais necessitados.

Ao receber alta, ele agradeceu muito e foi embora sorrindo intimamente, pensando que aquela pista já era um bom começo, afinal ele precisava agradecer às suas salvadoras.

Mais uma noite se passou e Henrique não teve nenhuma melhora, muito pelo contrário, seu quadro se agravou bastante, deixando-o com uma febre que não baixava, fazendo-o delirar.

Luíza chorava baixinho ao seu lado, tentando esconder suas lágrimas do marido, porque sabia que ele estava muito mais fragilizado do que ela naquele momento. A vida dele era aquele filho.

Quando Onofre saiu desanimado do quarto, para ir trabalhar, Luíza começou a se lembrar do quanto tudo aquilo era difícil para ele. Quando Henrique chegou em suas vidas, foi um bálsamo que o fez enxergar que a vida não era somente dores e sofrimentos. Lembrou-se de quando o conheceu: ele exalava um forte cheiro de bebida, o que lhe causou uma certa repugnância, porém, quando o viu ferido, temeu por sua vida e o socorreu.

Sua amiga queria ir embora e relutou em ajudá-lo, mas Luíza não conseguia abandoná-lo. Algo nele fazia com que ela ficasse e tentasse de tudo para tirá-lo dali. Luíza tinha consciência de sua tendência em auxiliar os irmãos mais necessitados, entretanto, naquele momento, era diferente. Não era esse o sentimento que a impulsionava a ajudá-lo. Era por ele, somente por ele.

Quando chegaram ao hospital, em vez de ir embora satisfeita por ter conseguido socorrer alguém, ela queria ficar, como se fosse responsável por ele. Judite a demoveu da ideia de permanecerem ali. Disse que já estava ficando muito tarde e não seria prudente retornarem sozinhas para suas casas. Mesmo tendo o seu coração oprimido, Luíza concordou e foi embora com sua amiga.

Após alguns dias, Luíza já estava mais tranquila, mas ainda não conseguia esquecer aquele jovem. Atribuía tamanha preocupação ao fato de pensar que ele estava jogando fora a sua vida: alcoólatra, possivelmente desempregado etc. Mas, consciente de que não estava em suas mãos o poder de salvá-lo, até porque não o conhecia e nem sabia como encontrá-lo, afastava aqueles pensamentos e voltava aos seus afazeres.

Luíza ia à igreja sempre às terças e quintas. Naquela quarta-feira, porém, ela se comprometeu a ir porque, com a ausência da irmã Sofia, que estava doente, não havia ninguém que pudesse auxiliar os pequenos do orfanato em suas atividades diárias. Então, como o orfanato ficava atrás da igreja, Luíza, como de costume, passou por lá primeiro, para rezar e buscar alguma doação que tivesse de ser levada ao orfanato.

Nessa hora, suas divagações foram interrompidas, pois Henrique começou a delirar e falar frases desconexas. Ela embebeu um lenço na água fria e colocou na fronte do menino na tentativa de baixar a febre violenta. Enquanto suas lágrimas rolavam demonstrando todo o seu impotente amor maternal, Luíza beijava o filho dizendo que estava ali e que não o abandonaria. Rezava pedindo a Deus pela melhora da criança, pois ela e o pai precisavam muito dele.

Os serviçais da fazenda estavam muito entristecidos. "Os patrões não mereciam a perda daquela criança", pensavam. E ficavam mais penalizados ainda, quando viam um homem imponente como o patrão ficar tão debilitado. Algumas vezes, Onofre era flagrado por eles chorando sozinho, mas, em sinal de respeito, todos se afastavam como se não tivessem visto o seu momento de sofrimento.

A dor era uma companheira inseparável de todos que conheciam Henrique.

Há mais de dois anos Henrique estava naquele processo patológico e, desde então, seus pais viam aquela criança forte e saudável definhar até não poder mais andar sozinha.

Em seus momentos de reflexão, Luíza se lembrava de como eram felizes os dias em que Henrique corria pelos pomares, gargalhando pelas mínimas coisas. Lembrava como ele, no meio de uma brincadeira, parava preocupado quando via que um dos empregados da fazenda se machucava ou demonstrava não estar bem. Ele se envolvia na vida de todos com muito carinho e fazia com que seu pai se envolvesse também. Às vezes, Luíza ficava impressionada com a sensibilidade e a racionalidade de seu filho. Não parecia uma simples criança. Por isso os empregados gostavam tanto deles.

Por causa de sua doença, Henrique não podia mais ficar no pomar, nem brincar ao ar livre, como tanto gostava. Porém, com autorização médica, eles o levavam à varanda, de onde podia ver a movimentação dos trabalhadores e de seu pai. Ele sempre demonstrava um imenso contentamento em ver as pessoas, em cumprimentar todos que por ali passavam, da mesma forma que fazia quando estava bem de saúde. O seu pai sempre passava por ali, mesmo quando não era o seu caminho, para ver o filho e se alegrar com o seu sorriso. Esse encontro era uma bênção.

Um dia, porém, ao passar por ali e não vê-lo na varanda, Onofre se espantou e seu coração disparou. Estava com medo de entrar e descobrir que algo de ruim tinha acontecido, mas, apesar do medo, reuniu todas as suas forças e entrou. Chegando à porta, sentiu um grande alívio ao ouvir a voz de Henrique e, quando já ia entrar para cumprimentá-lo, parou ao ouvir o menino falando para a sua mãe que não demoraria muito para retornar ao plano espiritual.

Onofre sempre achou estranho o modo como Henrique falava do céu, do plano espiritual, mas nunca o repreendeu. Tentava corrigi-lo, mas ele dizia para o pai que eram somente palavras e que estas eram as que ele conhecia. Onofre pensava que, quando o filho crescesse, naturalmente se corrigiria. Nesse momento, sentiu uma pontada forte em seu coração: "Será que o meu pequeno terá tempo para crescer?", pensou.

Henrique continuou dizendo à sua mãe que tinha recebido a visita de um espírito amigo e que ele o havia informado que o seu tempo de dor estava terminando. E continuou:

— Pensei, mamãe, que ele estava me dizendo que eu ficaria curado, mas, ao contrário, ele falava que a cura do meu corpo físico não seria possível. Entretanto, disse que eu ficaria muito bem quando retornasse ao mundo dos espíritos. No início, eu fiquei triste, porque não queria deixar vocês, mas ele me informou que não ficariam sozinhos e que quando eu quisesse poderia vê-los. Então, eu fiquei mais feliz.

Onofre não sabia o que pensar. O que o seu filho estava dizendo? Será que isso tudo era verdade? Parado, ainda na porta, ouviu a sua querida esposa falar comovidamente:

— Henrique, se o Papai do Céu enviou um anjo para lhe dizer isso, é porque Ele quer você bem pertinho de Seu coração. Então, quando tiver de ir, não se esqueça de dar a mão bem forte ao seu amigo para que não se perca no caminho até Deus.

As palavras de Luíza demonstravam o quanto aquela revelação fazia seu coração doer. Mas Onofre teve orgulho de sua esposa, que encontrou forças para consolar o seu filhinho, mesmo quando a dor lhe sugeria gritar e dizer que aquele Deus era injusto por tirar a sua vida.

Após se recompor, Onofre entrou no quarto e, com o máximo de esforço, esboçou um sorriso e beijou aqueles que ele amava mais do que qualquer coisa no mundo.

A partir daquele dia, Henrique piorou e não conseguiu mais sair do quarto. Ele tossia muito, sua febre não cedia com facilidade e os delírios ficaram ainda mais frequentes.

Luíza não saía do seu lado.

Já era noite quando Henrique pediu que sua mãe chamasse seu pai porque precisava conversar com eles. Quando Onofre chegou, Henrique os puxou para bem perto e lhes disse em um fio de voz:

— O meu amigo anjo está aqui me falando que vou viajar com ele daqui a pouquinho. Disse que se eu quisesse, poderia chamar vocês para me despedir. Mamãe, eu não vou largar a mão do meu amigo, eu não me perderei dele, tá?

Tomando fôlego, mesmo vendo as lágrimas vertidas de sua mãe, continuou:

— Papai, sei que para o senhor a minha ida será muito difícil, mas eu tenho de ir. Este meu corpo já não suporta mais essa doença. Preciso que o senhor me prometa uma coisa... — ele parou um pouco por causa do cansaço e logo continuou —, prometa que o senhor não se voltará contra Deus. Lembre-se que foi Ele quem nos permitiu vivermos juntos novamente. Como agradecimento, papai, aja com o próximo com o mesmo amor que o senhor sente por mim.

Onofre não queria escutar aquilo. Era doloroso demais para ele. Como não se voltar contra Deus? Mas seus pensamentos sombrios foram interrompidos por um acesso de tosse de Henrique.

Luíza foi buscar um copo de água e Henrique, quando conseguiu parar de tossir, continuou:

— Pai, eu o amo muito e continuarei amando. Qualquer decisão que tomar eu entenderei e saberei que o senhor ainda me amará. Viva a vida com intensidade e alegria. Não perca a felicidade de viver somente porque eu já não estarei mais aqui. Amo o senhor e sempre amarei.

Luíza retornou com a água e Henrique tomou-a devagar. Depois disso, como se estivesse exausto, fechou os olhos, respirando com muita dificuldade.

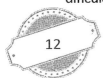

Os dois não se afastaram mais da cama do filho. Não podiam. A sensação era de que ele, realmente, não passaria daquela noite. Ambos tinham lágrimas não derramadas em seus olhos.

Às duas horas da madrugada Henrique abriu os olhos e, com muito carinho, se despediu de seus pais, dando-lhes um último adeus. Ele estava tranquilo e foi com muita serenidade que deixou o seu corpo físico. Seus pais, ao contrário, ficaram arrasados. Onofre, quando se deu conta de que o filho havia morrido, agarrou-se a ele pedindo que não o abandonasse. Luíza, martirizada com o estado de seu marido, pedia a ele para ter calma, porém, no íntimo, queria fazer o mesmo que ele, mas não podia, tinha de ser forte... Pelos dois.

"Como será a minha vida sem o meu raio de sol?", pensava ela. "Tudo pareceu perder o brilho, o sentido de ser vivido. Oh, meu Deus. Por que levou embora o nosso filhinho? Isso não é justo."

Então, após tantos anos de dedicação ao filho doente, ela não se conteve e chorou copiosamente. Junto ao marido, ficou a observar seu filho inerte. Não teve coragem de chamar ninguém. Parecia que, com isso, Henrique poderia mudar de ideia e voltar para eles.

Por quarenta minutos eles ficaram ali, chorando abraçados. Ao perceberem que não podiam mais continuar naquele estado, sem tomar as providências devidas, chamaram os empregados da casa e os informaram sobre a morte do pequeno rebento.

A tristeza foi geral. Todos se uniram para providenciar o velório. As damas de companhia de Henrique o prepararam para ser colocado no caixão; a mesa da sala foi ornamentada com velas e com as flores que ele mais gostava e, embaixo da mesa, colocaram os seus brinquedos favoritos como um presente de despedida; muitas cadeiras foram alojadas ao redor da mesa para que as visitas pudessem se assentar; e providenciaram também comida e bebida.

Os pais estavam tão absortos em sua dor que se esqueceram de chamar o padre para abençoar o seu filhinho antes de sua morte. Para eles, no entanto, isso era desnecessário, pois ele era um anjo e anjos não precisam pedir perdão ou bênçãos de última hora.

Um dos empregados saiu para providenciar o caixão e avisar ao padre para que ele pudesse realizar a despedida. Outros empregados foram avisar aos amigos e vizinhos da partida daquela criança tão amada.

Durante todo o velório, Onofre e Luíza, muito abalados, não se afastaram do corpo do filho querido. Os dois, ao lado do caixão, não pronunciavam nenhuma palavra, ficavam apenas abraçados, absortos em seus pensamentos. Apesar de saberem que o sofrimento do filho tinha acabado, essa perda era algo inimaginável.

Foram tantas as dificuldades enfrentadas por eles até o nascimento de Henrique que ambos tinham a certeza de que viveriam um período mais tranquilo depois disso. Ledo engano! Luíza jamais poderia imaginar que, na sua vida, perderia um filho.

Mas, pensando bem, foram muitos os momentos de alegria compartilhados por eles. Quando Luíza conheceu Onofre, por exemplo, foi muito especial. Primeiro, ele estava em um beco, sangrando muito e totalmente bêbado. Depois de levá-lo para o hospital e ficar muitos dias pensando nele, acabou por encontrá-lo na igreja, em um dia em que ela não costumava ir lá. Até hoje, quando aquele momento vem à sua lembrança, o seu coração bate mais forte. Quase tropeçou no altar quando o viu conversando com o padre Felipe. Todas as caixas de doações que carregava caíram no chão fazendo um barulho razoável. Felizmente, o que havia em maior número nas caixas eram roupas, portanto, não houve o risco de quebrar nada. O padre e Onofre se apressaram em ajudá-la. Ela não conseguia levantar o rosto para vê-los e não entendia o porquê disso. Com certeza, ele nem se lembrava dela. Mas qual não foi a sua surpresa quando padre Felipe lhe disse que aquele jovem estava ali procurando por ela. Sem esconder o seu espanto, ela olhou diretamente nos olhos de Onofre e perguntou:

— O que o senhor deseja?

— Não se lembra de mim? Eu sou o rapaz ferido que você ajudou, levando-me ao hospital há algumas semanas. Eu me lembrava vagamente de seu rosto e, quando perguntei sobre você, disseram-me que ajudava aqui na igreja. Então, estou aqui para agradecer pelo socorro prestado.

Ele estava rubro e, diferentemente da vez anterior, estava sóbrio. "Nossa, ele é lindo", pensou Luíza, que também estava ruborizada pela presença dele. Padre Felipe, que era muito romântico, viu logo o que estava se passando com aquele jovem casal e quis dar uma ajudinha:

— Meu rapaz, a Luíza precisa muito da ajuda de braços fortes. Você não a acompanharia até o orfanato levando algumas dessas caixas?

Neste momento, ambos se lembraram da presença de padre Felipe, ficando muito mais encabulados. Imediatamente, Onofre pegou todas as caixas, agradeceu ao padre pela atenção e a acompanhou.

Ela não sabia o que falar, então resolveu perguntar como ele se sentia e se teve que fazer alguma cirurgia. Ele disse que estava se recuperando bem, que não precisou de nenhuma cirurgia, apenas alguns pontos, mas já estava praticamente restabelecido.

Imperou mais um momento de silêncio.

O que ela realmente queria saber era o que tinha acontecido para ele se embebedar daquele jeito, mas não se sentia à vontade para perguntar.

Eles chegaram ao orfanato. Luíza olhou para Onofre, que parecia estar muito sem graça. Como ele esperava alguma orientação do que fazer com as caixas, ela pediu que as colocasse na varanda, pois já tinha ajudado o bastante. No mesmo fôlego, Luíza disse que ele não precisava ter se preocupado em procurá-la para agradecer, pois fizera o que qualquer cristão faria. Todavia, afirmou que a vinda dele a comoveu muito.

Ele, então, num rompante, disse que fazia questão de levar as caixas onde seriam depositadas e que, se precisassem dele para alguma outra tarefa, estaria livre para ajudá-la, naquele dia.

Ela agradeceu com um sorriso.

Somente naquele momento ele se deu conta de que ainda não havia dito o seu nome.

— Onofre – disse ele –, meu nome é Onofre.

A partir daquele dia, eles se viram com muita frequência. Ele sempre inventava uma desculpa para poder encontrá-la depois de suas tarefas no orfanato e ela adorava vê-lo atrapalhado com as desculpas, achando tudo aquilo muito romântico.

Seus pensamentos voltaram ao velório do pequeno Henrique, em função da chegada do padre em sua casa. A realidade lhe caiu como uma rocha a apertar-lhe o peito. Seu marido, tão forte, estava um caco humano. Somente ela sabia o quanto ele estava emocionalmente destruído, pois, como era muito orgulhoso, tentava não demonstrar o tamanho de sua dor.

O padre chegou e foi logo consolando o casal. Muitos estavam ali: empregados, vizinhos, amigos, todos conversando baixinho, velando a criança como é o costume. Os pais de Luíza ainda não haviam chegado, mas já estavam a caminho.

Todos que conheciam Henrique estavam penalizados. Aquela criança foi um exemplo de candura. E quem conhecia Onofre antes de Henrique entrar em sua vida sabia o quanto aquela criança lhe fizera bem.

Alguns até especulavam como ele iria se comportar agora, com a ausência daquele anjinho de luz. Apesar de todo o amor pela esposa, ela não conseguia segurá-lo quando ele estava no auge de sua prepotência.

Certa vez, Onofre emprestou uma grande quantia em dinheiro a um fazendeiro da região. O prazo para o pagamento da dívida havia expirado e o pobre fazendeiro não tinha dinheiro para pagá-lo porque sua plantação foi castigada por uma praga, trazendo-lhe grandes prejuízos.

Onofre não se comoveu com a situação daquele pai de família. Denunciou-o pela dívida contraída, levando-o à prisão até o pagamento do seu débito. Sua família desesperada foi até ele pedindo clemência, prometendo a quitação da dívida na próxima safra, mas ele continuou impassível, mesmo quando Luíza lhe suplicou para que ele não agisse daquela maneira com conhecidos de tantos anos. Ele ficou muito bravo, falou que aquilo não dizia respeito a ela, que dos negócios cuidava ele.

A família devedora, não tendo outra opção, transferiu a Onofre quase todos os seus bens para que aquele pai de família fosse libertado. Após esse episódio, essa família, tradicional da região, mudou-se dali e ninguém nunca mais ouviu falar deles.

A morte de Henrique foi muito traumatizante para toda a família, mas nada se comparava ao sofrimento de Onofre. Após o enterro, ele se fechou no quarto de Henrique por longos dias sem querer ver ninguém.

Ele não se conformava. Como Deus poderia fazer com que ele passasse por situação tão dolorosa? Parecia que tinham lhe arrancado um braço ou uma perna, sem anestesia. Todo o seu corpo doía. Piorava sobremaneira quando se lembrava do sorriso de seu amado filho, ou de quantas vezes, com a desculpa de ter tido um pesadelo, ele ia para a cama do casal e deitava ao lado do pai, confortado com a proteção paterna. Era sempre acalentado por seu pai, que o abraçava, e dormiam ali todos juntos até o amanhecer. Não, ele não poderia aceitar isso novamente. Não essa dor e perda tão intensa.

Tudo que Henrique lhe ensinou sobre Deus se perdeu com a sua morte. Foi com o seu nascimento que Onofre começou a acreditar que Deus poderia ser um Pai Misericordioso; foi o seu sorriso e o seu amor singular de criança inocente que levaram ao coração do homem tão endurecido pela vida a certeza de que Deus estava dando a ele uma segunda chance de ser feliz.

Agora, ele não acreditava mais em Deus. Não poderia, pois Ele, novamente, havia tirado tudo o que mais amava, deixando-o sem esperanças.

Apesar de já ter se passado um ano da morte de Henrique, Onofre ainda não conseguia aceitar a perda do filho, ficando cada vez mais triste e irritado. Luíza tinha muita pena dele, ela o amava muito e não queria vê-lo daquele jeito, mas, por mais que tentasse, não conseguia fazer o seu marido sair daquele estado. Já havia até pedido ao padre que conversasse com Onofre, mas todas as tentativas foram em vão.

Como Onofre não ouvia nem a própria esposa, Luíza tomou a única atitude que lhe restava: rezar por ele. Só que havia momentos em que nem ela tinha forças para fazê-lo. A saudade do filho amado era tanta que ela também se revoltava e os seus pensamentos iam contra Deus. Mas, vendo o marido sofrendo mais do que ela, voltava a ter forças para superar aquele desígnio de Deus e recomeçava o seu rosário.

Numa tarde, entretanto, Luíza estava no sofá do seu quarto e a dor era tanta que acabou adormecendo de tanto chorar. Sonhou que estava numa praça muito bela, como se esperasse alguém. Estava tão tranquila e segura que fechou os olhos e fez uma oração como há muito não conseguia fazer.

Ao abrir os olhos, viu diante de si um jovem que, por poucos segundos, não reconheceu. Quando ele sorriu, seu coração parou de tanta felicidade. Era Henrique, o seu pequeno príncipe. Abraçou-o com muito cuidado, mas com tanto amor, que se sentiu flutuando.

Quando pôde falar, refeita da emoção que a emudeceu, ela quis saber como ele estava; se ela sonhava ou tinha morrido também, já que ele se encontrava a sua frente. Ele, sorrindo, disse que eram muitas as perguntas, mas tentaria responder a todas.

Henrique disse que estava muito bem, que há muito tempo não sentia qualquer dor e que eles se encontravam numa praça de uma cidade espiritual. Explicou que ela não havia morrido, mas tão somente dormido, o que possibilitava conversar com ele naquele momento.

Luíza estava com tanta saudade que apenas o olhava, sem prestar atenção em nada do que o seu filho falava. Henrique, percebendo isso, disse-lhe carinhosamente:

— Minha querida mãe, eu estou aqui para lhe pedir um favor. Preciso que preste atenção no que estou falando. Preciso que se lembre das conversas que tínhamos quando eu estava encarnado. Lembra que conversávamos sobre o que a senhora precisava fazer quando eu morresse?

— Não, não me lembro, meu filho – respondeu Luíza, ainda sem lhe dar muita atenção.

— Mãezinha, temos pouco tempo e eu preciso lhe falar. Preciso que a senhora se lembre das conversas que tínhamos. Conversávamos como seria a vida de vocês quando eu partisse, porque sabíamos que o papai não iria conseguir lidar bem com o meu desencarne. Preciso que a senhora se lembre, quando acordar, de algumas de nossas conversas para que tenha forças para colocá-las em prática como tínhamos combinado.

— Meu Henrique, como você pode querer que eu consiga viver feliz com a sua partida, meu filho? Você pede demais para uma mãe que teve, há tão pouco tempo, a perda de um filho querido.

— Por que fala em perda, mãe? Você não vê que estou aqui? Você não está conversando comigo, apesar de eu já ter morrido?

— Sim, isso me deixa muito confusa. Como posso eu estar conversando com você, se está morto? – De repente, ela se afasta e diz: – Meu Deus, sempre nos disseram que conversar com pessoa que morreram era coisa do diabo. Que eram almas penadas que sofrem e que não poderíamos lhes dar atenção porque era o diabo querendo nos pregar peças.

— Olhe para mim, mãe do meu coração, pareço alguém que sofre? Pareço que sou obra do diabo que quer lhe pregar uma peça? Por favor, abra o seu coração e sinta-me, como sempre me sentiu e compreendeu, quando estávamos juntos lá em casa.

Luíza, neste momento, fechou os seus olhos e colocou a mão no peito de Henrique. Era essa a brincadeira de ambos quando ele estava triste e ela dizia que sabia o que se passava em seu coração. Sentindo-se seguro, ele se abria e eles conversavam sobre as suas angústias infantis.

Ela o sentiu pleno. Sabia que não poderia ser obra do diabo aquela paz, aquela serenidade que ele transmitia. Abraçou-o novamente e ele pôde conversar melhor com ela.

— Mãe, vou pedir um favor: tenho de lhe falar algumas coisas importantes agora. Quando a senhora acordar terá somente uma

vaga lembrança desse nosso encontro, mas se sentirá muito melhor e com uma esperança nova para a sua vida. Peço apenas que se esforce em se sentir feliz, porque a lembrança do meu desencarne fará a senhora se culpar por tentar se sentir melhor. Quero que guarde em seu coração que o meu grande desejo sempre foi que você e papai fossem felizes e que, quanto mais tristes vocês estiverem, mais isso me afetará e ficarei triste também.

Após relembrá-la de algumas daquelas conversas que tiveram, Henrique se despediu:

— Volte para casa, mamãe, e lembre-se das conversas que tínhamos sobre a vida e como vocês ainda poderiam ser felizes após a minha morte. Lembre-se de quando eu dizia que a minha vida ali era passageira e que eu não poderia ficar muito tempo com vocês na Terra, mas que, mesmo sendo pouco tempo, eu tinha sido abençoado por tê-los como meus pais protetores e amigos e que todo o meu sofrimento valeu a pena, somente pelo fato de ter podido estar com vocês naqueles oito anos de vida.

Luíza chorava e ele era pura luz enquanto falava tudo aquilo. Eles se abraçaram e Henrique prometeu que teriam outras oportunidades para conversar novamente.

Luíza acordou com um sentimento muito bom. Fazia muitos meses que não se sentia tão bem, tão abençoada. Tinha uma vaga lembrança do sonho que tivera e de ter conversado com o seu filho. Ah, se fosse verdade. Neste momento, lembrou-se de que Henrique havia falado sobre isso quando ainda estava vivo.

A lembrança a fez pensar em outras tantas conversas que tinha tido com ele enquanto estava doente. Lágrimas de saudade vieram à sua face, mas desta vez ela não queria ficar triste, apenas tentava relembrar o que ele lhe falava naquelas conversas. De repente, lembrou-se de uma em especial e chorou copiosamente.

"Ah, meu filho, você já sabia, não é? Você realmente era um anjo mandado por Deus para saber disso tudo. Sim, a vida continua em qualquer plano e o tempo não pode parar...", pensou consigo mesma.

Levantou-se do sofá e foi terminar as suas tarefas, porque a sua vida iria mudar... e para melhor.

Em virtude dessa sua nova proposta, todos começaram a estranhar o comportamento daquela mãe, que num dia estava de luto e, no outro, abriu o seu armário e colocou uma roupa de cor mais leve e fez questão de ir para cozinha fazer um doce bem gostoso.

Onofre não compreendia essa atitude e até se irritava com a esposa. Perguntava-se: "Como ela pode sorrir diante de tudo o que estamos passando? Que falta de respeito ela está tendo para com a memória de nosso filho! Será que ela não o amava? Não, isso não. Eu sou testemunha do amor que a Luíza tinha pelo nosso filho. Mas, o que se passa com ela? Será que a dor foi tão forte que ela enlouqueceu?".

O que Onofre não via era que Luíza não estava fazendo nada demais, apenas sorrindo e vivendo.

Um dia, no entanto, Onofre irritou-se profundamente, a ponto de criticá-la, e ela disse que estava atendendo a um pedido especial do próprio filho, quando ainda estava vivo. Vendo que Onofre não entendia, tentou ser mais clara:

— Onofre, um dia, em uma tarde ensolarada, Henrique pediu-me para levá-lo até a varanda para que pudesse ver o jardim. Como estava quente e sem muito vento, atendi ao seu pedido. Após alguns minutos em que ficou lá sentado, Henrique me chamou a atenção para uma família de passarinhos que tinha feito um ninho em uma das vigas de sustentação do telhado. Os pais iam e vinham trazendo comida para os seus filhotes. Só que, em um determinado momento, vimos que um dos passarinhos que se aproximavam do ninho começou a ser perseguido por um pássaro maior, sendo, infelizmente, arrebatado dos ares e levado pelo seu perseguidor. Henrique, então, me falou com carinho que, dali para frente, somente um dos pais poderia ficar e ajudar os seus filhotes. Eu disse que sim, apesar de estar penalizada pela sorte do passarinho. Vendo-me triste, ele me disse, então:

"Mamãe, não se entristeça. A natureza é sábia. É natural que uns morram e outros fiquem para continuar vivendo e aprendendo um pouco mais. Sabe, mamãe, isso acontecerá em nossa família: eu vou primeiro, porque o meu tempo aqui está acabando. Depois, irão vocês, para que possamos novamente ficar juntos. O que nos diferencia daquela família de passarinhos é que eles continuarão a vida como ela deve ser. Nós, no entanto, sofremos muito por causa da morte. Sofremos porque amamos quem se vai e temos saudades. Não acreditamos que nos veremos de novo no futuro. Quem fica deve continuar vivendo para aprender mais e crescer."

Sabe, Onofre, quando ele me disse isso eu fiquei muito perplexa. Como aquela criança podia falar da morte tão naturalmente? Suas palavras me doíam, porque pensar na morte de nosso filho era muito, muito doloroso para mim. Mas, ele, parecendo que lia os meus pensamentos, continuou:

"Mãe, se a realidade é essa, porque vocês escolhem sofrer? Isso é inevitável. Eu vou morrer e você e papai já sabem disso e não aceitam pensar nessa possibilidade. Parece-me que ambos desejam viver uma vida de muito sofrimento após o meu retorno ao mundo espiritual. Não é isso que quero para vocês. Quero que sejam felizes, que continuem a viver e vivam no bem, como fazem hoje. Se Deus me deu a chance de estar aqui com vocês, mesmo que seja por um curto período de tempo, para mim isso já é um presente. Prometa-me, mamãe, que a senhora tentará não sofrer tanto e que, após a minha morte, tentará viver e levar a sua alegria para todos os que estiverem com a senhora. Tente fazer com que papai também entenda isso, porque sei que para ele será muito mais difícil."

Ele me disse isso, Onofre, poucos meses antes de morrer. Eu, claro, com o sofrimento de sua morte, nem me lembrei do que ele tinha me pedido naquela tarde. Mas, há algumas semanas, lembrei-me dessa conversa que tive com o nosso pequeno, logo depois de ter dormido e, acredito eu, sonhado com ele. E eu o atenderei. Naquela tarde distante, eu somente escutei o seu pedido, mas hoje, eu o compreendo a ponto de tentar atendê-lo. Desejo que ele tenha orgulho de mim, porque sei que lá do Céu, ele nos vê e deseja a nossa felicidade.

Onofre ouviu a sua esposa, mas não podia concordar. Não podia! Isso era como se estivesse traindo o seu filho. Como ele poderia ser feliz sem o seu pequeno Henrique? Não, não podia. Então, falou para a sua esposa:

— Não criticarei mais as suas ações, mas entenda que eu não mudarei o meu modo de pensar. Deus nos traiu. Levou novamente alguém que eu muito amava sem nenhum motivo. O que Ele quer com tudo isso? Penalizar-me novamente?

Naquele momento deu o assunto por encerrado e saiu.

Onofre, gradativamente, voltou a ser o que era antes do nascimento de seu filho: um carrasco nos negócios. Ninguém mais conseguia uma atitude complacente daquele homem que voltou a ser um cobrador implacável.

Mergulhou de cabeça nos negócios, pois era como ele sabia lidar com a dor que sentia, mas o problema é que isso não o consolava.

No plano espiritual, Henrique já visitava o seu antigo lar de vez em quando. Ele estava muito orgulhoso de sua mãe que começara uma nova etapa de vida, mas ficava triste com as escolhas de seu pai.

Diante do retrocesso de postura, Onofre vivia cercado por espíritos que o influenciavam negativamente em suas transações comerciais, convencendo-o de que, caso perdoasse as dívidas de seus inúmeros devedores, ficaria novamente pobre e ele e sua mulher passariam necessidades, o que ele muito temia.

Materialmente falando, o escritório de Onofre era um cômodo amplo de dois ambientes, com sofás e cadeiras confortáveis e uma mesa, como peça central, de madeira entalhada, muito bonita. Uma ampla biblioteca também decorava aquele ambiente austero, mas de bom gosto. O seu escritório fazia parte da construção da casa sede, mas ficava, arquitetonicamente, separado dela como um apêndice, somente tendo uma porta dupla de vidro jateado que o levava para o seu lar e outra porta do mesmo modelo que dava para uma varanda externa.

Espiritualmente falando, aquele cômodo estava completamente fora do ambiente energético familiar e não era tão bonito: havia uma névoa malcheirosa que impregnava todo o local; o chão era coberto por uma substância viscosa nojenta; os móveis pareciam velhos e quebrados e, os livros, velhos e rasgados.

Apesar da sede da fazenda ser um ambiente protegido em virtude da presença constante de Luíza, o escritório não era abençoado por aquela proteção. Como ela não o frequentava habitualmente, não levava a luz que seria necessária para a sua limpeza. Os espíritos entravam e saíam naturalmente e Onofre os acolhia com os seus pensamentos negativos, alimentados pela frustração que sentia.

— É muito interessante, Alberto, como fazemos escolhas na nossa vida que podem nos trazer alívio ou muito sofrimento... – disse Henrique ao seu instrutor espiritual. – Meu pai se agarrou a uma dor profunda com o meu desencarne e não consegue deixar de agir segundo a dor que sente. Tenho muito orgulho de minha mãe que, ao contrário, sente a mesma dor, mas não se deixa levar por ela, o que a faz sentir conforto e até mesmo viver momentos de muita alegria em seu dia a dia. Ambos vivenciam a mesma dor, mas somente um alimenta o seu sofrimento.

Luíza estava mesmo diferente. Não queria mais viver sozinha. Quando da morte do filho, pensou que deveria ser mãe de um filho morto e viver eternamente de luto. Onofre estava de acordo com ela. No entanto, após ter resolvido mudar de atitude, via que a sua visão sobre o luto não ajudava ninguém, nem a ela nem aos que necessitavam dela naquele lar, inclusive Onofre. Queria que ele pudesse enxergar esse equívoco também, mas o problema é que não sabia como ajudá-lo.

Tentou de tudo para amenizar a dor do seu marido, melhorar o seu comportamento para que ele visse que era possível ser feliz, mesmo com saudades, mas não deu certo e ela recebeu todo tipo de crítica. Tentou conversar com ele sobre o assunto, mas ele não a deixava nem começar o diálogo. Tentou tratá-lo como antes do nascimento de seu filho, mas ele não se abria mais com ela, parecendo que a culpava por Henrique ter morrido. Quando pensava nisso, sentia dor na alma, mas rechaçava essa ideia de pronto, porque não poderia acreditar realmente que Onofre pensasse isso. Seria maldade demais.

Para ter forças e continuar, Luíza voltou a assistir às missas dominicais e a ajudar com as atividades assistenciais da igreja, porque isso ela sabia fazer muito bem.

"Ah, Onofre", pensou ela intimamente, "será que me casaria com você hoje? Como você está diferente daquele homem por quem me apaixonei perdidamente!"

A primeira vez que pensou isso foi quando Onofre levou a família Martins à bancarrota. Meu Deus, como ela chorou naqueles dias. Sentiu-se muito mal. Eles sempre frequentaram o seu lar, suas festas, seus jantares. A senhora Martins, apesar de mais velha, era uma de suas melhores amigas e quando foi pedir ajuda, Luíza prometeu que faria o possível. Mas não adiantou nada.

Luíza se sentiu muito pequena naquele dia. Onofre sempre dizia que ela era muito importante para ele, mas quando foi pedir pelos amigos que lhes eram caros, Onofre deixou muito claro que ela não tinha o direito de interferir nos negócios da família, como se tudo o que possuíam não lhe pertencesse também.

Luíza sabia que, para a sociedade, quem administrava os bens da família era o homem, no entanto, não era esse o pensamento de ambos quando se casaram. Onofre sempre dizia que tudo o que havia conquistado era dos dois, porque ele não seria ninguém sem ela. Luíza sempre lhe trazia bons conselhos e o ajudava emocionalmente para seguir em frente. Sem ela, dizia ele, não conseguiria juntar e construir nada do que possuíam.

Por isso, para Luíza, aquela atitude de Onofre não condizia com a pessoa com a qual havia se casado. Aquele não era o seu marido.

Depois desse dia, ela pensou muitas vezes em abandoná-lo, porque acreditava que, para estarem juntos, o sentimento que os unia deveria ser especial. Quando ele a colocou como alguém sem qualquer expressão na vida dele, pensou que o que os unia tinha se perdido e que ele tinha se transformado em alguém que ela não desejava ao seu lado.

Por isso, não se importava de ser considerada uma mulher abandonada pelo marido. Sim, *abandonada*, porque tinha consciência de que, na sociedade machista em que vivia, mesmo que ela saísse de casa por vontade própria, seria esse estigma que levaria para o túmulo. Sabia dos inúmeros preconceitos que sofreria por parte dessa mesma sociedade, mas sabia também que seus pais não a abandonariam naquele momento. Eles a amavam e não se negariam a recebê-la de volta.

Sua mágoa era tão profunda que, passado pouco mais de uma semana da mudança da família Martins da cidade, ela preparou suas malas e as colocou no armário. Iria avisar ao Onofre de sua decisão após o jantar e, no dia seguinte, iria mandar um recado aos seus pais para que pudessem ir buscá-la.

No entanto, Onofre teve um contratempo na lavoura que o fez chegar muito mais tarde naquela noite, adiando os planos de Luíza.

No dia seguinte, Luíza acordou sentindo-se muito mal e impossibilitada de levantar-se. Como não houve nenhuma melhora durante todo o dia, solicitou que chamassem o médico que, ao examiná-la, deu-lhe uma das melhores notícias de sua vida: ela estava grávida.

Foram tantos anos tentando. Ela achava que não poderia jamais ter um filho e Deus, naquele momento, a felicitava com o melhor de todos os presentes.

Com essa notícia Luíza entendeu que Deus estava dando um aviso de que deveria ficar com o seu marido e que tudo poderia mudar. E realmente mudou.

Onofre só tinha olhos para ela depois que descobriu que seria pai. Parecia que ele voltava a ser o mesmo homem de antes: amoroso, bondoso, sempre em casa com ela, jamais a deixando só.

Ela voltou a se sentir especial para ele, e entendeu que não deveria levar a sério aquele episódio. O seu marido ainda a amava. Ele não deveria estar muito bem quando a desrespeitou e, diante desses pensamentos, ela deixou de lado seus temores, desejando somente vivenciar a sua felicidade.

Depois do nascimento de Henrique, Onofre melhorava a cada dia, não havendo mais motivos para Luíza pensar em deixá-lo. No

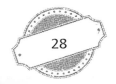

entanto, quando Henrique morreu, houve um afastamento natural de ambos. Ela tentava diminuir essa distância, mas Onofre não a procurava mais, não queria vê-la e nem conversar com ela. E tudo ficou ainda pior quando ela resolveu sair do luto. Onofre chegou a acusá-la de não amar o filho como dizia, porque ela não sofria com a sua morte.

Luíza já não aguentava mais tantos maus tratos e ausência de carinho. Numa noite, ela resolveu dar um basta naquilo tudo. Esperou o jantar terminar e pediu para conversar com ele. Onofre disse que não tinham nada para conversar, mas ela insistiu e então ele a levou para o escritório.

Quando lá chegaram, tiveram uma "recepção festiva". Todos os espíritos desagregadores que o acompanhavam diariamente estavam lá e queriam, a todo custo, levar a desarmonia ao casal. Então, se dividiram em dois grupos para que pudessem influenciar ambos.

Luíza sentou-se em um sofá de três lugares, desejosa que o seu marido se acomodasse ao seu lado, porém, ele foi sentar em uma poltrona individual, longe dela. Fazia muito tempo que Luíza não olhava tão diretamente para o seu marido e assustou-se ao perceber o quanto ele estava abatido. Dava a sensação de que estava muito mal e, ao mesmo tempo, inspirava medo. Onofre voltou-se para ela sem qualquer compaixão ou amor e perguntou o que ela queria.

— Bem, Onofre, acho que precisamos conversar. Nosso filho morreu há mais de um ano e não vejo qualquer melhora de sua parte. Ao contrário, só o vejo mais e mais afastado de mim. Você até mudou-se para o quarto do nosso filho. Não me procura mais, seja para conversar, seja para... Não me procura para mais nada mesmo.

Luíza ficou encabulada, mas não iria desistir de conversar com o seu marido e continuou:

— Nosso relacionamento está resumido ao meu papel de dona de casa e ao seu, de provedor do lar. O que está havendo, Onofre? O que está passando pela sua cabeça?

A dor estampada no rosto de Onofre assustava Luíza, mas o que mais a assustou foi o que ele lhe disse:

— Tenho medo, Luíza. Medo de termos outro filho e esse seu Deus o tirar de mim, como fez com o Henrique.

Luíza ficou ali sem falar nada.

Quando Henrique morreu, ela também pensou que o que estavam passando pudesse ser uma punição. Pensou primeiro que tivesse feito algo de errado e que Deus a estava punindo por suas más ações. Depois, pensando melhor, acreditou que o problema não era com ela, mas sim com Onofre, porque ele tinha ferido tantas pessoas boas, pensando somente no dinheiro.

Vendo-a quieta, pensativa, Onofre pensou que não estava errado. Mas, antes de continuar com seus pensamentos, ela falou:

— Onofre, eu sei que hoje a sua fé o abandonou. Sei que você já sofreu muito nessa vida e logo agora que estávamos desfrutando do amor de um filho maravilhoso, ele se foi. No entanto, também sei que ele nos foi dado como um presente e Deus não nos disse quanto tempo ele poderia ficar conosco. Eu acredito que foi melhor ter vivido oito anos felizes com Henrique do que toda a nossa vida sem ele. Esse foi o presente que Deus nos deu. Quantas vezes temos a melhor safra em um ano e, no ano seguinte, a pior que poderíamos cultivar. Por sermos precavidos, em tempo de bonança guardamos para o tempo das dificuldades... Sempre foi assim.

Da mesma forma que Onofre dava oportunidade aos inimigos espirituais de lhe trazerem descrença e assoberbamento da dor, Luíza oportunizava aos seus amigos espirituais a propagação do auxílio. Estes, aproveitando o ensejo, inspiravam-na para que suas palavras chegassem fundo no coração de seu marido.

Ela parou alguns minutos para ver a reação de Onofre, respirou e continuou:

— Se a plantação foi boa, tomamos os louros da vitória como se só nós tivéssemos agido bem, mas se a plantação foi ruim, dizemos que Deus não nos ajudou ou pior, quis nos punir. Qual é o nosso papel diante dos planejamentos que fazemos para a nossa vida? Sei que não tenho respostas para o falecimento de nosso filho. Não sei por que ele teria que ir para junto de Deus tão novo, mas o que sei é que ele era um anjo e, se Deus nos deu oito anos de vivência com esse anjo, eu só posso agradecê-Lo por um presente tão misericordioso. O que me preocupa, Onofre – continuou Luíza –, é que antes de eu ganhar esse presente maravilhoso, já tinha recebido outro: um marido que era meu companheiro, meu amigo. Agora, eu perdi o meu filho precioso, mas também sinto que perdi o meu melhor amigo, aquele que poderia me ajudar a viver essa vida sem o presente precioso que ganhamos juntos outrora. É isso Onofre? Você não me ama mais?

Essa pergunta atingiu Onofre bem fundo. Ele também se questionava sobre os seus sentimentos por Luíza. Nos últimos meses, principalmente, tinha dúvidas atrozes sobre o que sentia. Seus pensamentos somente lhe traziam dor por tê-la ao seu lado. Ele chegava a estranhar tais pensamentos, porque ele sabia o quanto ela era importante para ele e que, sem ela, ele não sobreviveria. Procurando ser honesto, disse-lhe:

— Amo, Luíza, amo muito. Não sinto que o meu amor por você tenha diminuído. O problema é que você me causa dor. Quando olho para você, eu vejo Henrique. Quando penso em estar com você, eu penso que podemos ter outros filhos, que poderão ser retirados de nós quando seu Deus quiser. Quando eu vejo o quanto você se recuperou da morte de Henrique, isso me magoa, porque eu sei o quanto você o amava e, se você está se recuperando é porque está fazendo as pazes com o seu Deus. Então, eu não a perdoo... Porque para mim o que Ele fez é imperdoável.

As palavras de Onofre atingiram Luíza profundamente. "Como ele poderia dizer que ela lhe causava dor?", pensava.

Diante desse pensamento de Luíza, os espíritos que buscavam a desarmonia daquele casal começaram a alimentar nela a revolta contra o marido. No entanto, veio em seu socorro Adamastor, espírito protetor e amigo, que lhe transmitiu energias reconfortantes. Ainda alimentada pelo sentimento de salvar o seu casamento, Luíza tentou compreendê-lo em sua dor e disse:

— Onofre, eu tento entender o que sente, apesar das suas palavras apunhalarem o meu coração. Tento compreender que cada um de nós escolhe como quer viver a vida e você hoje está sofrendo muito com a morte prematura de nosso filho. Eu já lhe disse que, naquelas tardes que ficava com o nosso filho, ele me dava inúmeras lições de vida que somente há pouco tempo busquei colocar em prática. Em razão dele, eu procurei mudar a minha forma de agir, porque sabia que era o que ele mais desejava. Por que você não tenta também? Talvez para você seja impossível fazer as pazes com Deus agora, mas tente viver sua vida valorizando o que você possui. Quantas coisas você conquistou nesses anos de sua vida, Onofre? Você era pobre, sem perspectiva de vida. Hoje, você tem a mim, tem muitos bens materiais que trazem conforto, empregados que o respeitam e admiram. Por que quer jogar isso tudo fora, se o nosso próprio filho nos deu tantas lições de que, se não pudemos viver uma vida inteira juntos, pelo menos tivemos os melhores oito anos de nossas vidas com ele?

Onofre estava muito cansado. Ouvia a sua esposa e parecia que a sua luta íntima já não fazia mais qualquer sentido. No entanto, alimentado por uma horda de espíritos rebeldes, teimava em pensar com o seu orgulho. Sentia que se abrisse mão daquelas ideias, se fizesse as pazes com Deus, estaria dizendo que Ele poderia "tomar" outros de seus bens preciosos. Ah, ele precisava pensar.

Onofre beijou a sua esposa na testa, deu-lhe as costas sem responder ao que ela lhe suplicava e saiu do escritório, indo deitar-se novamente no quarto do seu filho.

Luíza não aguentou mais e chorou copiosamente. Sentia-se muito infeliz.

Alegraram-se os espíritos que acompanhavam Onofre. Seria a oportunidade para domá-la e trazê-la para o lado deles. No entanto, quando se aproximaram de Luíza e começaram a emanar ideias de que seu casamento não tinha mais futuro, ela, como num último sopro de esperança, não se permitiu sucumbir e pensou consigo: "Onofre irá pensar. Sei que ele tomará a decisão certa".

Como se ela explodisse em luz, os espíritos que desejavam seu mal foram afastados pela energia positiva que ela construiu ao redor, não possibilitando a aproximação deles.

Os irmãos espirituais que a amparavam sorriram felizes.

Após a conversa que tiveram naquela noite, Onofre e Luíza sentiram uma melhora significativa em seu convívio.

Apesar de Onofre não procurá-la para um relacionamento mais íntimo, passaram a conversar mais, voltaram a comer juntos e até passeavam pela fazenda para ver as necessidades do lugar. Onofre estava mais calmo e Luíza tentava não demonstrar qualquer atitude exagerada de alegria. Continha-se para não ofender o momento de mudança do marido.

Passou-se um mês daquela conversa, quando Luíza recebeu a visita de uma vizinha e amiga de muitos anos.

Visita que a deixou muito feliz, porque há muito não se encontravam. Pensou que o afastamento da amiga ocorria em razão do seu luto, mas, infelizmente, não era esse o verdadeiro motivo. Quando dona Martha se aproximou, Luíza ficou muito assustada diante da palidez da amiga. Parecia que ela estava passando por um problema muito sério que lhe tirava o sono e atacava sua saúde.

Luíza sentiu-se imensamente egoísta. Naquele tempo todo só pensava em sua dor, não imaginando que amigas, como Martha, poderiam também estar passando por problemas tão sérios quanto os dela.

Após terem se acomodado na sala de visitas e tomado um pequeno lanche, Luíza já se preparava para pedir desculpas pelo tempo que ficaram afastadas, quando foi surpreendida pela amiga, que lhe disse:

— Luíza, não sei como começar essa conversa, mas também não tenho mais o que fazer ou a quem recorrer. Talvez tenha vindo aqui com esperanças demais, talvez tenha vindo buscar, em minha amiga, um amparo que há muito eu não sinto, mas preciso tentar salvar a minha casa.

E rompeu em lágrimas que se encontravam represadas.

Luíza correu para sentar-se ao lado dela e a abraçou com carinho, deixando que Martha chorasse. Não conseguia imaginar o que se passava na vida de sua amiga, mas faria o que estivesse ao seu alcance para ajudá-la.

Quando Martha estava mais tranquila, Luíza perguntou o que tinha acontecido de tão grave para ela estar naquele estado. Após alguns minutos de silêncio, cabeça baixa, trêmula, Martha respondeu:

— Luíza, o seu marido vai mandar prender o meu Edgar.

— O quê? – disse Luíza surpreendida.

"Oh, não, de novo não, meu Jesus!", pensou aterrorizada e continuou:

— Martha, mas por que diz isso? Será que você não entendeu errado?

— Não, Luíza, infelizmente, eu não entendi errado. Edgar me disse, há alguns dias, que temos dívidas muito altas com o seu marido. E estamos tendo muita dificuldade de conseguir os recursos financeiros para pagá-lo. Faltam poucos meses para que a nossa dívida vença e todos sabem que Onofre não tem piedade para com nenhum dos seus devedores. Você se lembra da família Martins, não lembra? Desculpe dizer isso a você, minha amiga, mas nós só tivemos coragem de pedir um empréstimo porque ele tinha mudado muito. Acreditávamos que teríamos recursos para pagá-lo quando do vencimento da dívida e, se houvesse qualquer problema, que ele teria mais compaixão com as dificuldades de seus amigos. Infelizmente, com a morte de seu pequenino, Onofre voltou a ser o mesmo de outrora. Por isso não temos como acreditar que ele terá piedade de nós. Edgar me disse que os advogados de Onofre já mandaram uma notificação lembrando-o da dívida e da possível providência legal caso não seja paga dentro do prazo.

Luíza estava muito mal. Primeiro, por ver a situação de sua amiga. Segundo, por se lembrar do quase rompimento de seu casamento quando estiveram em situação semelhante. Tinha receio de pedir ao Onofre pela família de Martha porque não sabia se conseguiria aceitar a mesma resposta que lhe foi dada na outra ocasião. O problema é que também não sabia qual seria a sua reação se soubesse que ele foi o causador da prisão de Edgar. Mas, o que poderia dizer à sua amiga naquele momento? Como poderia reconfortá-la, se nem ela estava certa do que fazer?

— Martha, conversarei com Onofre sobre a situação de sua família. Tentarei pedir mais tempo para a execução da dívida, porém, entenda que eu não posso interferir nos negócios de meu marido. Você entende?

— Eu sei, Luíza. Eles não enxergam em nós capacidade para auxiliá-los nos negócios. Edgar é igual, me vê apenas como a dona do lar, a mãe de seus filhos e esposa fiel... — suspirou tristemente. — Sei de nosso papel no casamento, mas, às vezes, acho tão injusto. Não sou burra, Luíza. Sei que tenho grande potencial. Quando eu era criança, sempre ficava no cantinho do escritório do meu pai, nas reuniões de negócio que lá aconteciam, e aprendi muita coisa. Minha mãe ficava horrorizada quando eu, a sós com papai, dava opiniões sobre as tratativas que presenciava e tentava ajudá-lo a planejar outras tantas. O meu pai valorizava a minha inteligência. Tanto que, no dia do meu casamento, ouvi papai conversar com Edgar sobre essa visão que eu tinha para os negócios, mas Edgar somente riu. Eu senti que ele não acreditou no meu pai. E, com o passar do tempo, tive a prova de que ele jamais me veria como uma companheira para os negócios.

Martha demonstrava muita tristeza em suas palavras. Luíza, por sua vez, compreendia os sentimentos de sua amiga, porque Onofre, apesar de sempre dizer que tudo o que possuíam era dos dois, jamais abriu brecha para que ela o auxiliasse, e a única vez que tentou dissuadi-lo a não prejudicar alguém em seus negócios, ele a colocou "em seu devido lugar".

Aquelas lembranças traziam à Luíza a mágoa de outrora. Sabendo que não era o momento de alimentar aquele sentimento, Luíza tentou achar uma boa resposta para dar à sua amiga.

— Martha, enquanto não deixarmos de lutar, a batalha não pode ser considerada perdida. Não vamos nos desesperar agora. Quem sabe conversando com Onofre eu consiga aumentar o prazo para esse pagamento. Vamos ter esperanças e rezar para Deus nos ajudar nesse momento.

Martha sorriu esperançosa e Luíza mudou de assunto tentando fazer com que ambas pudessem amenizar aquele peso instalado em seus corações.

Quando Martha se foi, Luíza seguiu para o seu quarto e de lá não saiu mais. Quando Onofre chegou, ela o informou que estava indisposta e que iria dormir mais cedo. Na verdade, ela não queria estar com o seu marido, pois se sentia mal. Foram tantos os sentimentos contraditórios que teve durante o dia inteiro em relação ao seu marido, que sua vontade agora era somente dormir e esquecer.

Passaram-se alguns dias da visita da senhora Martha na fazenda.

Luíza estava diferente e Onofre percebeu que ela não estava bem. Parecia sempre cansada ou indisposta, o que a levava para a cama cedo ou a acordar tarde. Quase não se viam.

Luíza temia o resultado da conversa que teria com o seu marido, por isso, no início, fugia de qualquer oportunidade de estar sozinha ao seu lado. No entanto, com o passar do tempo, seus temores começaram a ficar mais fortes e, em seus pensamentos, o que era singular passou a ser um monstro maior do que ela parecia suportar.

Os amigos espirituais tentavam auxiliá-la, mas ela abriu um buraco profundo entre eles permitindo a entrada dos espíritos que atormentavam Onofre em seu lar. Eles alimentavam os seus temores, fazendo com que ela adoecesse de tristeza.

Onofre, por sua vez, não tendo conhecimento sobre o que a afligia, começou a se preocupar com o estado de saúde de sua esposa. Os espíritos desarmonizadores tentavam incutir-lhe a ideia de que ela iria morrer: "Deus vai tirá-la de você", falavam para alimentar a sua raiva; queriam que ele sofresse.

Diante desses pensamentos, ele chamou o médico da família para examiná-la. Após o exame clínico, o médico diagnosticou uma profunda depressão.

Onofre não entendeu o que havia acontecido com a sua esposa. Ela lhe disse que ele precisava melhorar, ser mais feliz, porque era o que o seu filho desejava, e agora estava depressiva. Precisava descobrir o que estava acontecendo. Então, escolheu uma tarde e retornou mais cedo para casa. Luíza parecia estar melhor e ele aproveitou para conversar com ela:

— Luíza, eu preciso saber o que está acontecendo. Já faz dias que você não se sente bem e quando o médico a examina me diz que está depressiva. Não tem dois meses que me disse que eu precisava mudar, que não era para eu ficar triste com a morte de nosso filho e, agora, está enfraquecida? O que está acontecendo? Não está me escondendo nada, está?

Luíza não esperava por aquela enxurrada de perguntas. Quando Onofre perguntou se ela escondia algo, pensou que chegara a hora de abrir o seu coração:

— Onofre, não escondo nada além de minha própria dor. Eu não estou deprimida pela morte de nosso rebento. Eu estou muito triste porque soube que você irá, novamente, prender um grande amigo nosso por ele não ter conseguido pagar as dívidas que tem conosco. Me pediram que eu lhe solicitasse um adiamento no prazo desse pagamento, mas me vi sem coragem. Como eu posso ter medo de você, meu querido? Como posso eu continuar a ser sua esposa não confiando que serei respeitada em minhas opiniões ou desejos?

As lágrimas caíam sobre a face pálida daquela que Onofre escolhera para ser sua companheira para toda uma vida.

— Tenho medo de falar com você porque quando fui, inocentemente, pedir-lhe um favor pela família Martins, há anos, ouvi palavras ásperas e discriminadoras, que eu não devia me meter em seus negócios.

Luíza desabafava uma mágoa contida há anos e a raiva começava a impedi-la de raciocinar com caridade. Continuou:

— Por que diz "seus" negócios? Desde sempre, me dizia que éramos donos de tudo o que construímos, porque sem mim não teríamos nada. Aquelas eram palavras vazias, Onofre?

Onofre estava de cabeça baixa e assim permaneceu. Ele estava pensando no que ela dizia, mas o seu silêncio a magoava profundamente.

Ela, então, continuou o seu desabafo:

— Eu sempre estive ao seu lado e, apesar daquele desgosto, continuei. Mas, hoje, não sei dizer se quero continuar. Observei que você não é mais o homem com quem me casei e não sei se gosto disso. Éramos jovens quando nos casamos. Nada tínhamos a não ser a benção de meus pais e um pequeno dote que recebemos deles e que nos serviu para construirmos o que temos hoje.

Apesar de todo o esforço que Adamastor fazia para trazer-lhe harmonia, Luíza se acomodava na mágoa, fazendo com que se sentisse mais desamparada naquele momento.

— Se eu soubesse que se transformaria nesse "monstro" que é hoje, não teria me casado com você.

E chorou copiosamente dando-lhe às costas.

Onofre não esperava isso de sua esposa. Suas palavras massacraram o seu coração e o seu orgulho. Depois da conversa que tiveram meses atrás, ele estava tentando melhorar. Pensava todos os dias no que a sua esposa havia lhe pedido. Tentava até mesmo perdoar a Deus pela dor que causara, mas tudo isso agora parecia ter sido em vão. Como estava enganado. Novamente a vida mostrava que aquele Deus fazia o que queria e agora Ele estava retirando de sua vida a mulher que tanto amava.

Luíza, por sua vez, ficou tão preocupada em ter essa conversa que não teve olhos para ver as mudanças recentes de Onofre. A mágoa, trazida de anos atrás, fez com que ficasse cega para as transformações de seu marido nesses últimos tempos. Se ela tivesse aproveitado o momento que a vida lhe dera para conversar com Onofre sobre a família de Martha, saberia que ele, por si só, já havia planejado adiar o vencimento da dívida, dando oportunidade aos seus amigos de se restabelecerem para o pagamento.

No entanto, Onofre, ferido em seu orgulho, saiu do quarto de sua esposa, totalmente perdido em seus sentimentos, sem dizer o que havia planejado.

No plano espiritual, Adamastor tentava dar a Luíza o conforto de energias equilibrantes, mas a sua pupila rechaçava qualquer auxílio. Ela só queria chorar.

"Eu sou um monstro? Um monstro? Como ela pôde me falar daquele jeito?", pensava Onofre totalmente desnorteado.

Ele tinha ido a um bar da região, frequentado normalmente pelos empregados das fazendas. Já tinha bebido o suficiente, mas não conseguia parar. Queria esquecer, mas não conseguia, pois a dor era insuportável! Ele tentava adormecer a dor com a bebida.

Onofre lembrou-se que já tinha tentado esquecer a dor uma vez, mas o que conseguiu foram vários pontos no abdome e uma baita ressaca no dia seguinte. A única vantagem daquela bebedeira foi ter conhecido Luíza, pensou Onofre.

O orgulho de Onofre estava ferido. Ele não aceitava a atitude de Luíza.

"Ela sempre foi tão submissa a mim, tão meiga e, agora, ela jogava toda culpa das suas dores em cima de mim. Isso é um absurdo!", pensava ele enquanto tomava mais uma "purinha".

O pensamento de Onofre voltou para anos atrás, quando ele estava num bar tentando esquecer o quanto era infeliz. Ele tinha perdido sua mãe, seu bem mais precioso.

Como ela conseguia serimportante para ele! Sem ela, ele não seria nada. Sua mãe sempre foi o seu sustentáculo moral. Sem ela, ele

se sentia perdido. Era ela quem lhe dava a esperança de momentos melhores, mesmo quando a pobreza o fazia se revoltar contra Deus. Ela o envolvia em seus braços e dizia que essa vida era passageira e que a riqueza que deveriam acumular era a da alma. Eles tinham muito pouco para viver. Muitas noites dormiam sem comer, porque não sobrava nada após o pagamento das despesas.

Ele trabalhava no armazém como carregador de mercadorias, mas o seu salário era muito pouco. Sua mãe, adoentada, não conseguia mais trabalhar. Apesar disso, ela nunca perdia a esperança de fazê-lo enxergar o lado bom da vida. Mas ele não aceitava aquela pobreza. Seu único consolo era ainda ter sua mãe.

Um dia, no entanto, quando chegou em casa após uma jornada exaustiva de trabalho, encontrou a sua mãezinha morta. Alguém havia entrado em sua casa e a ferido brutalmente com um golpe forte na fronte. Sua mãe foi assassinada.

A dor voltava forte com essa lembrança. Alimentado por companheiros espirituais de bebedeira, Onofre continuava a buscar pensamentos de sofrimento para não largar a bebida, que não aliviava nenhum deles.

"Todas as vezes em que me lembro disso", pensa Onofre, "mais me revolto contra Deus. Como ela pôde ser assassinada? Não tínhamos nada para ser levado. Por que fizeram isso? Ninguém descobriu quem foi. Também, quem se importaria com uma mulher pobre e doente assassinada em sua casa?". E mais bebida Onofre consumia.

Rafael, um dos seus empregados, o viu no bar e ficou sem saber o que fazer. Ele já estava em péssimas condições para poder voltar sozinho para casa. Mas, como Onofre não era mais o mesmo patrão de antes, Rafael ficou com medo de levar uma bronca se fosse até ele e interferisse. Resolveu esperar.

Não levou muito tempo e Onofre levantou-se para ir embora, no entanto, não aguentou e desabou ao chão.

Rafael aproximou-se e perguntou se ele precisava de ajuda para voltar para casa. Infelizmente, Onofre, não escutou a razão e, orgulhoso, disse que estava muito bem e que voltaria sozinho.

41

Na manhã do dia seguinte, Luíza acordou com muitas dores no corpo. Sua noite foi terrível, pois, quando adormecia, tinha muitos pesadelos que a atormentavam e, quando acordava, lembrava-se da discussão com o seu marido e o quanto ela tinha sido dura com ele. Então, chorava até dormir de novo e ter novos pesadelos.

Foi tomar o seu café da manhã e observou que a louça não havia sido mexida. Perguntou se Onofre ainda não tinha tomado o seu café, mas a resposta foi que ele não tinha aparecido para comer.

Luíza ficou preocupada. Apesar da briga que tiveram no dia anterior, ela sabia que Onofre jamais deixaria de cumprir os seus afazeres diários. "E se ele estiver doente?", pensou ela, preocupada.

Diante desse pensamento, levantou-se e foi até o quarto de Henrique, onde Onofre deveria estar dormindo. Bateu na porta uma, duas, três vezes, e como não houve resposta, abriu-a e se deparou com a cama arrumada e ninguém no quarto. Ela teve um mau pressentimento. Imediatamente, veio-lhe na memória um dos sonhos que teve, onde via Onofre num buraco profundo, machucado e desorientado.

Mais do que depressa, Luíza chamou o administrador da fazenda para ajudá-la a descobrir se alguém sabia do paradeiro de Onofre.

Ele foi logo falar com os outros empregados e descobriu que Rafael o tinha visto na noite anterior no bar da estrada, e que ele tinha saído de lá muito bêbado.

Depois que informou Luíza sobre o acontecido, ele saiu a percorrer o caminho que Onofre poderia ter feito para retornar à fazenda.

— Ao certo, pode ter caído e machucado a perna, por isso não conseguiu chegar – disse o administrador para consolar a esposa do patrão.

— Peça para mais quatro empregados também percorrerem os caminhos que davam para aquele bar. Se ele estava bêbado, pode ter ido para qualquer lado – pediu ela.

Luíza estava inconsolável e temia o pior. Ela tinha muito medo do que poderia ter acontecido. "Ele não sabe beber", pensou ela. "Ele perde a noção do perigo. Foi por isso que foi apunhalado no beco quando o conheci. Nada tinha a defender, mas preferiu lutar com o bandido."

Luíza entrou em seu quarto e se jogou na cama chorando muito. Onofre só bebeu duas vezes na vida: quando perdeu a mãe e agora, após a discussão deles. Somente nesse momento ela se deu conta do quanto Onofre a amava. "Talvez ele não tenha bebido na morte de Henrique porque eu estava aqui...", pensou ela.

Quando começaram a namorar, Onofre confidenciou a ela o quanto ele temia beber. Contou que seu pai bebia muito. Tanto que, em muitos momentos, não voltava para casa porque não sabia como voltar. Ficava semanas fora e quando retornava era para conseguir dinheiro para comprar mais bebida. Mas, apesar disso, ele era um ótimo pai e um bom marido. Nunca o tinha visto brigar com sua mãe. Sempre que estava em casa, brincava com Onofre e o colocava para dormir.

Um dia, porém, eles foram comunicados de que o seu pai tinha sido atropelado por um carro desgovernado, morrendo no local. Disseram que ele poderia ter se salvado, mas estava tão bêbado que caminhou em direção ao carro em vez de sair da frente.

Essa foi a primeira grande perda de Onofre que, na época, tinha nove anos de idade. Ele só pensava que se tivesse sido mais enérgico com o pai, talvez ele não tivesse saído para beber. Sempre amou muito o pai, mesmo estando ele tão ausente nos últimos anos de sua vida.

Sua mãe tentou convencê-lo que não fora culpa sua e que Deus não os havia abandonado, mas Onofre não aceitava e dizia que Deus ficava feliz em puni-los.

Quando Onofre perdeu sua mãe, o seu mundo desabou. "Não tendo mais a mãe para defender aquele 'Deus de Bondade', ele foi ao bar beber para esquecer e, talvez, por não mais se importar com nada, morrer como o seu pai havia morrido", pensou Luíza, assustada.

— Ah, meu querido, onde você está agora? – perguntou-se Luíza, começando a chorar novamente.

Adamastor via, em sua pupila, as dores do amor culpado. Ela, por ter seguido os conselhos do seu orgulho ferido, iniciou uma briga com o marido. Agora já não se perdoava e emanava energias de culpa por não saber o que havia acontecido.

Aproveitando o estado em que Luíza se encontrava, Adamastor emitiu sobre ela energias de equilíbrio e ela, cansada de tanto chorar, acabou dormindo.

No plano espiritual, Luíza se desprende do corpo físico e vê Adamastor. Vai correndo até ele, abraçando-o, como se quisesse extrair dele todas as forças que precisava para poder enfrentar aquele momento.

Luíza, no plano espiritual, conhecia o seu mentor como se o mesmo fosse um grande amigo, quase um pai. Ela, apesar de todo o equilíbrio espiritual que possuía, normalmente não trazia na lembrança material as experiências vivenciadas na erraticidade.

Adamastor a abraçou carinhosamente, pedindo que ela se acalmasse e confiasse em Deus.

— Como posso confiar em Deus, meu amigo, se o meu marido está sumido? Como posso ficar calma, se ele bebeu novamente? E você sabe o que acontece quando ele bebe. Como posso ficar calma, se fui a causadora da bebedeira e do sumiço? Se ele estiver ferido, eu jamais me perdoarei.

— Querida menina, não coloque sobre os seus ombros as escolhas do seu marido. Não traga para você uma responsabilidade que não é sua. Se Onofre bebeu, a escolha foi dele. Ele, mais do que ninguém, sabe da própria dificuldade em lidar com bebidas alcoólicas. Ele decidiu beber, então cabe a ele a responsabilidade por tal escolha. As pessoas poderiam deixar de sofrer se entendessem que todos somos espíritos falíveis e que, se escolhemos caminhos, por vezes tortuosos, o fazemos por achar que é o melhor caminho a percorrer naquele momento. A culpa que chega quando nos deparamos com as consequências de nossos atos nos atrela a sofrimentos desnecessários. Pelo menos, poderemos aprender com essas consequências. Além do mais, para não nos culparmos desnecessariamente, temos de enxergar que, além de nossas escolhas, também há as dos nossos semelhantes que os levam a vivenciar suas próprias experiências.

— Mas, Adamastor, ele bebeu porque eu disse que... Oh, meu Deus. Que ele era um monstro. Dei a entender que iria abandoná-lo. Eu fui mesquinha e não pensei nos sentimentos dele.

— Ora, Luíza, pense bem no que você está dizendo. Quando você disse para ele os seus sentimentos, você entendeu que ele precisava saber como você estava se sentindo. Claro que cada um de nós é responsável pelas nossas ações e palavras, mas entenda que ele só tinha que conversar com você sobre o que ele sentia... Mas não o fez. Preferiu procurar o seu vício do pretérito para afogar as suas mágoas. O que realmente ele conseguiria bebendo? Entorpecimento de seus sentimentos para não mais sofrer? Só que isso não acontece. Está na hora – continuou Adamastor – de Onofre entender que a dor não precisa ser apagada pela bebida ou que a nossa vida perde o sentido quando não temos, ao nosso lado, as pessoas que amamos. Ele precisa entender que nós não estamos sós na embarcação da vida. Deus está no leme. E quando parecer que vamos naufragar, Ele elevará a sua voz e os ventos cessarão e as águas se acalmarão. Reflita, Luíza, e perdoe-se para que a culpa não lhe traga sofrimentos que não precisa vivenciar agora. Pense em Deus.

Luíza acordou, minutos depois, mais calma. Ela lembrou-se de rezar. Quando menina, sua mãe sempre lhe ensinava que, no momento em que não podemos fazer nada e quando tudo foge aos nossos domínios, somente na prece encontraremos a paz. Esse era o melhor momento para isso.

Imitando a sua mãe, ajoelhou-se e, fazendo o sinal da cruz, elevou o seu pensamento em comovida prece ao Pai Celestial.

Enquanto rezava, Rafael chegou com a notícia de que Onofre havia sido encontrado pelo administrador. Este o mandou na frente para tranquilizá-la e avisar que demorariam para retornar em razão de Onofre estar muito ferido. Ele havia sido assaltado por bandidos que levaram o seu carro e tudo mais que ele tinha de valor.

Luíza, mais tranquila com a notícia, agradeceu a Rafael e, quando este saiu, terminou a sua oração, agradecendo por Deus tê-lo devolvido são e salvo. "Vão-se os anéis, ficam-se os dedos", pensou agradecida.

Ela saiu para a varanda para aguardar a chegada do marido. Quando o viu mais de perto, assustou-se. Não pensou que ele poderia estar tão mal. Onofre estava com uma aparência péssima, com a roupa rasgada e sua camisa branca toda ensanguentada. Seu rosto estava arroxeado e seus lábios e supercílios, cortados.

Luíza desceu as escadas correndo em direção a Onofre, que, percebendo que ela se aproximava, tentou se levantar, mas não conseguiu. Ela chorava e brigava com ele ao mesmo tempo, por ter sido tão imprudente.

O administrador e Rafael o levaram para o quarto, onde Luíza retirou-lhe toda a roupa rasgada e o banhou com panos quentes umedecidos para aliviar as dores e tirar a sujeira do sangue e poeira da estrada. Mandou chamar o colaborador novamente e pediu-lhe que trouxesse o médico para examiná-lo.

Enquanto isso, Luíza não conseguia deixar de chorar. Todos os momentos de alegria que partilharam juntos passavam em sua mente e a cada *flash* ela agradecia a Deus por tê-lo devolvido a ela e prometia a si mesmo que jamais o abandonaria.

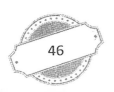

Onofre sentia o cuidado de sua esposa e pensava o quanto ele a amava. Pensou no que aconteceria com ela se ele não tivesse sobrevivido àquele assalto. Num segundo, relembrou que ela o chamara de monstro e que se arrependia de ter casado com ele, mas, vendo o nível de preocupação dela, sentia o quanto ela também o amava. Porque ele não conversou com ela? Porque não tentou resolver os problemas como eles sempre fizeram a vida inteira? Realmente, ele não estava bem. E, se quisesse que Luíza continuasse com ele, precisaria mudar.

Nesse momento, Roberto, mentor de Onofre, encontrou a brecha que precisava para auxiliar o seu pupilo. Emanou energias reconfortantes para que ele se sentisse melhor. Conectou-se aos seus pensamentos e começou a relembrá-lo do quanto ele tinha sido imprudente no momento do assalto.

Reagindo à intervenção de Roberto, Onofre começou a pensar em suas últimas atitudes: o que o havia impulsionado a reagir com tanta estupidez ao assalto? Será que o que ele levava era tão valioso a ponto de arriscar a sua vida? Como ele poderia lutar contra quatro marginais armados? Será que desejava morrer?

Nesse momento, Roberto o fez lembrar-se daquela experiência no beco...

Ele se assustou, porque se lembrou de ter reagido da mesma forma, como se a sua vida não valesse nada e que teria um fim ali mesmo. Diante dessa realidade crua, Onofre chorou. Chorou porque percebeu que ele não poderia continuar daquela maneira. A sua vida não poderia ser jogada fora toda vez que sentisse que ninguém o amava; que Deus o abandonara; que ele estava sozinho no mundo.

Luíza viu em seu marido as lágrimas reprimidas e o sofrimento pelo qual ele passava. Não tinha ideia de seus pensamentos, mas sentiu que algo estava diferente. Parecia que alguma mudança interna havia ocorrido.

Após o incidente da estrada, Luíza esperava que Onofre conversasse com ela sobre o que havia acontecido, mas ele não se pronunciava. Ela sentia que havia acontecido algo muito pessoal, porque ele não era mais o mesmo. Estava mais atencioso, mais presente na vida dela, mas também muito mais introspectivo.

Como ela não se manifestou sobre sair de casa, Onofre entendeu que ela não iria embora por enquanto e que aquela situação desagradável da estrada serviu pelo menos para que ambos pudessem pensar sobre os seus sentimentos.

No entanto, Onofre tinha muito medo de conversar com Luíza sobre esse assunto e ela se lembrar de sua vontade de abandoná-lo. Então, ficava quieto e tentava de todas as formas dar o máximo de atenção e carinho para que ela esquecesse o motivo de seu desentendimento.

O problema é que o silêncio de ambos fazia com que ele sentisse que assuntos importantes entre eles estavam inacabados e por isso não encontrava paz em seu coração.

Já havia se passado duas semanas do assalto e sua recuperação era muito boa. Ele havia machucado a coluna, o que o impossibilitava de fazer alguns movimentos com facilidade, mas o que mais doía era o seu orgulho ferido. Não por ter apanhado dos bandidos, porque além de estar bêbado, eram quatro contra um, mas por dar a impressão de que desejava morrer. Ele sempre foi uma pessoa muito batalhadora e não conseguia admitir que pudesse ser covarde a esse ponto. Covarde por não saber viver sozinho.

Luíza, por sua vez, também esperava a recuperação do marido para poderem conversar. Entendia ser extremamente necessário não deixar quaisquer arestas entre eles, se ambos desejavam voltar a ser felizes.

Estavam tranquilos na varanda da fazenda quando Luíza vê, de longe, um carro chegando. Identificou prontamente que era de Martha e seu coração disparou. "Ai, Meu Deus. Agora não. Não agora que estamos nos entendendo...", pensou Luíza desesperada.

Martha desceu do carro depressa, esbaforida e tremendo. Quando se deparou com eles na varanda, correu em direção à Luíza e pediu, chorando descontroladamente:

— Pelo amor de Deus, Luíza, estão prendendo Edgar. Eles chegaram agora lá na nossa Fazenda e, como ele não tinha o dinheiro para pagar a dívida, será mantido preso até que pague.

Martha não tinha coragem de olhar para Onofre, mas não poderia deixar de suplicar pela última vez em prol de seu marido que tanto amava. Então, foi lá disposta a se humilhar, se fosse necessário.

Luíza olhou para Onofre num pedido mudo.

Onofre, com dificuldade, levantou-se calado, foi até o escritório sob os olhares curiosos das duas damas. Lá pegou um papel, escreveu algo nele e assinou, colocando o seu emblema para dar oficialidade ao documento.

Voltou à varanda, onde as duas mulheres ainda se encontravam abraçadas, e entregou o papel à Martha. Esta, com as mãos trêmulas, leu o seu conteúdo e, com um soluço embargado, abraçou novamente a sua amiga e, com um olhar agradecido a Onofre, saiu correndo sem nada falar.

A esposa de Onofre olhava para ele, abismada, sem nada entender.

— Mas o que houve? – perguntou ela, finalmente.

— Fiz um documento no qual declaro que as dívidas de Edgar foram totalmente quitadas, não havendo mais necessidade de prendê-lo em razão disso. Fiz o que tinha vontade de fazer há muito tempo, porém, em razão de tudo o que aconteceu, esqueci por completo – disse ele, entristecido.

Ela o abraçou e chorou em seus braços.

— Obrigada, meu amor. Sei que para você foi uma perda monetária muito grande, mas, de qualquer maneira, obrigada.

— Nenhum valor, Luíza, por maior que seja, cobriria a dor de perder você. Eu a amo muito e não aguentaria perdê-la por isso.

Ele pensou alguns segundos, respirou fundo e continuou:

— Luíza, se algum dia eu a magoei com as minhas ações, perdoe-me. Sei que sou muito bronco e que, às vezes, não a compreendo ou parece que não sei o seu verdadeiro valor, mas isso não é verdade. Desculpe-me.

Luíza olhou bem nos olhos do seu marido e deu-lhe um beijo para selar o seu compromisso eterno de amor com ele. Não havia mais qualquer dúvida sobre o sentimento de Onofre. Com aquele gesto, ele provou a sua importância.

Eles ficaram ali abraçados para ver o pôr do sol, sem nada dizer, mas sentindo-se completos novamente.

Onofre decidiu que precisava mudar para ser feliz e para isso teria que enxergar a vida de uma forma diferente. Sua maior dificuldade era se desvencilhar da ideia de que ele estaria sendo infiel à memória de seu filho por querer ser feliz. Ainda era muito doloroso pensar em Henrique.

Um dia, ele perguntou para Luíza como ela conseguia viver sem chorar todos os dias pela falta de Henrique. Todo o seu ser doía quando ele se lembrava do seu anjo que partiu, deixando-o só.

Luíza, sob a influência de Adamastor, com muito carinho, lhe disse:

— Só. Como só? Henrique não o deixou só. Ele sabia que teríamos um ao outro. O que ele fez foi nos deixar uma lembrança de tempos muito felizes e isso jamais poderá ser pago por nós. Uma vez ele me disse que sua vinda a esse mundo tinha o propósito de nos mostrar que Deus nos amava, dando-nos a oportunidade de vivermos juntos por alguns anos. Eu achei que tinha entendido, na época, mas agora eu entendo mais. Ele já sabia que iria mais cedo. Como ele sabia disso, eu não sei. Mas, na minha visão, isso só prova que ele era realmente um anjinho e que Deus nos possibilitou vivermos com a presença dele. Isso é o amor de Deus para conosco.

Onofre não conseguiu deixar de se emocionar. Agora que o seu coração estava menos obscurecido pela revolta, conseguia sentir o que a sua esposa lhe falava. "Se isso tudo é verdade, então", pensou ele, "estava sendo muito injusto com Deus, imaginando que Ele jamais o amou".

Nesse momento, Roberto, emanando fluidos para o seu pupilo, auxiliou-o a continuar o pensamento, elucidando sentimentos que há muito tempo o angustiavam: "Pensando bem, em nenhum momento eu fiquei desprotegido em minha vida. Quando o meu pai morreu, eu tinha minha mãe; quando minha mãe se foi, logo depois eu conheci Luíza que preencheu a minha vida por completo; depois, nós tivemos Henrique, que foi um jardim florido para mim. No entanto, até agora, eu só me vi envolvido com as preocupações mundanas. Somente agora, que eu me flagrei querendo morrer, que eu entendi porque eu era tão revoltado com Deus. Porque pensava que Ele não me amava e só queria me punir. E, se Deus me punia, era porque eu não tinha sido um bom filho, levando o meu pai a sair sempre de casa para beber. Eu achava que o meu pai não via nada de bom em mim. Somente agora, com tudo isso, pude enxergar que ele bebia porque ele queria e que não era eu o causador de seu vício. Talvez, como eu, ele também precisasse se encontrar. Somente agora, que me deparei comigo mesmo, consigo ver e sentir as bênçãos de Deus na minha vida".

Tendo mandado chamar Henrique e a sua avó, Adamastor os orienta para que abracem Onofre, emanando todo o seu amor.

Onofre sente aquela vibração de amor e, com muita alegria, relaciona-a ao amor de Deus por ele, o que o faz sensibilizar-se. Luíza o abraça carinhosamente, recebendo também aquela energia reconfortante.

Henrique observa contente como o seu pai havia mudado.

Após os últimos acontecimentos, Luíza estava muito feliz por ter reencontrado o seu marido. Ele estava muito bem e havia voltado para o quarto do casal, demonstrando a todo momento o quanto a amava.

Enquanto descansavam na varanda, em uma manhã ensolarada de domingo, eles tiveram uma surpresa agradabilíssima: Edgar e Martha foram até a fazenda agradecer ao Onofre tudo o que ele tinha feito por sua família.

Onofre ficou muito encabulado. A sensação que teve foi tão agradável que, em uma fração de segundos, pensou na família Martins e em muitos outros devedores. A sensação de alívio que tinha ao recuperar o dinheiro que emprestava para os outros era muito agradável também, mas não como esta que sentia agora, ao receber o agradecimento de Edgar e Martha.

Pensando bem, não foi nada agradável saber que o senhor Percival Martins tinha sido preso por não quitar a dívida. Era evidente que Onofre havia tentado esquecer aquele momento difícil para não se emocionar com as consequências do seu ato. Ele sabia muito bem o que sentiu quando mandou prender o vizinho e o que fez não batia com as decisões lógicas do seu raciocínio.

"Meu Deus, foi por isso que fui tão amedrontador com Luíza quando ela me pediu para ser benevolente com os nossos vizinhos. Eu me sentia culpado de executar a dívida.... Mas eu não podia fazer diferente.... Como eu poderia ficar sem o dinheiro que emprestei? Na época, era quase tudo o que tinha para pagar as minhas próprias dívidas. Eu o havia emprestado contando com o seu pagamento. Se a família Martins não nos tivesse pago, eu é que poderia ser preso poucos meses depois. O que me impulsionou foi o meu orgulho de não me ver implorando aos meus credores para adiar o pagamento devido..." – raciocinava Onofre enquanto os demais conversavam animadamente.

"Agora, o que mudou?", continuou pensando. "Perdoei os valores que me deviam e estou feliz, muito feliz. Bem, naquela época, eu era diferente e precisava daquele dinheiro." Disfarçou um sorriso. "Com certeza, do jeito que estou de coração mole, não poderei mais emprestar dinheiro, senão, terei que trabalhar para os outros viverem com conforto que o meu dinheiro pode trazer, porque não conseguirei cobrar de ninguém. É, terei de pensar no que farei daqui em diante."

Ao entardecer, quando Edgar estava partindo, chamou Onofre num canto e lhe disse:

— Onofre, novamente não tenho palavras para agradecer o que fez por nós, mas apesar do documento que assinou dizendo que não lhe devo mais nada, eu não poderei aceitar isso. Você sabe que não tenho como pagar tudo agora, porque minha safra foi muito prejudicada, mas saldarei essa dívida. Por isso, eu quero que aceite esse valor para já debitar algo de minha conta.

Onofre iria recusar, porém Edgar, segurando a sua mão, lhe entregou o dinheiro, dizendo enfaticamente:

— Se você não aceitar, meu amigo, eu deixarei de ser a pessoa íntegra e fiel aos meus compromissos que entendo ser.

Eles se abraçaram e Onofre se lembrou da explicação do padre sobre a Parábola do Bom Samaritano.[1] Ele não era bom na leitura da Bíblia, mas entendia que o samaritano, ao fazer o bem ao homem que fora assaltado, não desejou qualquer

---

[1]   Lucas 10:25-37

agradecimento ou retribuição. Era assim que ele se sentia naquele momento.

Numa atitude inovadora, Onofre elevou o seu pensamento a Deus e agradeceu.

Roberto, que a tudo via e ouvia do cantinho da sala, secava uma singela lágrima que teimava em cair em seu rosto. Ele também agradeceu a Jesus.

Onofre estava no escritório, sentado em frente à escrivaninha, tentando pensar no que faria com todos os créditos que possuía. Tinha pedido aos seus advogados os documentos para analisá-los. Era muita papelada sobre a mesa. Algumas dívidas eram de amigos antigos.

Ele sabia que muitos tinham medo de pedir o dinheiro, porque ele não era fácil com os seus devedores. E ele tinha consciência de que a maioria das pessoas que pediram dinheiro o fizeram por falta de opção.

Os espíritos, que ainda estavam ali, tentavam influenciá-lo para que agisse de outro modo, pois seria suicídio financeiro.

— Ora, ele não pode fazer isso conosco. – diziam entre si. – Tivemos tanto trabalho até agora e ele resolve ficar de coração mole? O que está acontecendo com ele?

Mas eles conheciam Onofre. Sabiam dos seus mais profundos temores e o que fazer para influenciá-lo:

— Se abdicar de seus créditos, estará sendo irresponsável. Sua mulher ficará na pobreza na sua ausência. Você trabalhou tanto para conseguir esse dinheiro, porque eles não trabalham também para pagá-lo?

Onofre começou a ficar nervoso. Seus pensamentos traziam muita inquietação, mas apesar de tudo ele queria agir diferente. Buscava o homem cristão que havia nele.

Roberto, aproveitando o desejo de Onofre, veio em seu socorro com uma intuição:

— Meu querido amigo, ser cristão é pensar com o coração, mas também com a razão. Não é atitude menos digna você cobrar por um dinheiro que você emprestou. Se você trabalhou para tê-lo com honestidade, poderá cobrá-lo de quem o pegou emprestado. Ser cristão é enxergar cada caso com o coração voltado para Deus. Não se precipite. Espere o tempo de Deus em cada cobrança. Se alguém estiver em dificuldades no momento da cobrança, escute-o, ajude-o para que possa cumprir a sua obrigação no tempo justo. Procedendo dessa forma, saberá também quem merecerá a sua benevolência. Dizer não a um devedor que pede um adiamento no pagamento, mas que, por suas atitudes diárias, não o merece, também é uma atitude cristã. "Dai a César o que é de César e a Deus o que é de Deus."[1]

Onofre escutou Roberto como se fosse o seu pensamento. Entendeu que não havia pressa e que deveria esperar. Talvez os devedores não tenham dificuldades em pagar e toda a angústia de agora terá sido em vão. Ele não exigia juros altos pelos valores emprestados, então, não estaria enriquecendo à custa de ninguém. Mais tranquilo, saiu do escritório para procurar a sua esposa, pois tinha alguns assuntos a tratar com ela.

No plano espiritual, no entanto, os espíritos baderneiros estavam preocupados.

"Isso só pode ser coisa dos 'da Luz'", pensou Paulo, líder do bando. "Como eles entraram aqui? Essa banda é nossa e ninguém pode invadir. Sinto que estamos perdendo Onofre e nosso chefe não vai gostar nada disso. Vamos ser castigados se não agirmos como o chefe mandou."

— Vesgo – disse Paulo –, vá até o nosso antro e traga Verruga aqui. Não vá falar com mais ninguém, viu, Vesgo. Só com o Verruga.

---

[1] Mateus 22:21

Não demorou muito tempo e Vesgo trouxe Verruga para falar com Paulo. Este levou Verruga para um canto e falou:

— Verruga, nós estamos numa furada. Estamos perdendo o Onofre. Acho que é dedo daqueles... os "da Luz". Só que não vimos nada nem ninguém por perto. Estamos fazendo conforme nos foi mandado: Onofre terá que ser muito odiado pelos seus devedores até que seja assassinado. Como não ficou determinado quem deveria fazer isso, aproveitamos uma noite em que ele saiu para beber e influenciamos quatro rapazes da pesada que estavam no bar para persegui-lo e assaltá-lo. Como ele sempre revida nessas circunstâncias, com certeza morreria. Como pensamos, ele revidou quando foi avisado do assalto e, depois de dominado, os homens bateram, bateram, mas, de repente, pararam. Disseram que era melhor deixá-lo vivo, para que eles não se complicassem. Parecia que ele estava sendo protegido por alguém ou alguma coisa. Eu nunca vi isso antes.

Verruga escutava tudo com cara de poucos amigos e muito deboche. Ele sabia que os "da Luz" conseguiam muitos pontos quando queriam proteger os seus tutelados, mas será que era verdade? Quando Paulo deu uma parada, ele perguntou abruptamente:

— Você ainda não me disse por que acha que o estão perdendo.

— Calma, cara, vou dizer. Depois desse assalto, ele começou a ver as coisas de um jeito diferente. Perdoou totalmente uma dívida quando o devedor estava para ser preso. Voltou a dormir com a esposa, depois de todo o trabalho que tivemos para que ele saísse do quarto. Agora, estava pensando como poderia fazer para que as demais dívidas fossem perdoadas também. Ainda bem que ele mudou de ideia, porque eu já estava pensando nos castigos a que seríamos submetidos pelo chefe se isso acontecesse.

— É, sua situação não tá boa, não! – disse Verruga. – Pelo que você está me contando, são os "da Luz" mesmo que estão a rondar.

— Deve ser tudo culpa daquela maldita esposa dele – disse Paulo –, que só vive rezando e pedindo proteção. A gente já não entra na casa por causa dela. Pelo menos aqui no escritório, onde ela não vem muito, o domínio ainda é nosso.

Paulo lembrou-se de que agora Onofre também estava rezando, ali dentro, porém, não teve coragem de falar isso com Verruga, pois era grave demais.

Verruga falou:

— Não podemos perdê-lo. Ele é um alvo muito importante para o nosso chefe. Nem eu sei o porquê, mas com certeza é pessoal. Então, se vocês falharem, vai sobrar para todo mundo. Tenho uma obrigação a fazer, mas tão logo eu termine, voltarei aqui para ajudá-los com essa tarefa. Lembrem-se: não deixem os seus subordinados pensarem que estão perdendo terreno. Se fraquejarem, nós o perderemos.

Paulo pensou consigo mesmo como poderia passar segurança aos seus subordinados se nem ele mesmo se sentia seguro. Não era o seu primeiro trabalho, claro que não. Já fizera isso muitas vezes e sabia como proceder. Ele ficou muito orgulhoso quando o chefe o mandou tomar conta desse caso, porque significava que o chefe estava confiando mais nele. Porém, em nenhum momento pensou que teria que enfrentar os "da Luz" porque Onofre nunca foi ligado ao seu lado espiritual. Por tudo isso, estava um pouco apreensivo. Depois de alguns segundos, balançou a cabeça para que aqueles pensamentos fossem jogados longe e pensou: "Verruga virá logo. Ele sabe que se nós perdermos essa parada, até nele respingará a ira do chefe. Então...".

Nos dias seguintes, Onofre sentiu o quanto a sua vida tinha se modificado. Ele estava se sentindo muito melhor. Até no escritório, onde normalmente ficava tenso ao planejar as suas atividades, ele respirava mais feliz.

Naquela manhã ele acordou tranquilo e, olhando para a sua esposa, admirou-se do quanto ela era bonita. Eles já não eram mais tão jovens, mas Luíza estava magnífica naquela luz da manhã.

Ao observá-la percebeu o quanto a estava negligenciando. Quanto tempo havia que ele não a elogiava, não a levava para passear e visitar amigos, ou dava uma festa, mesmo que fosse somente para os amigos mais íntimos? E ela não reclamava, estava sempre à sua disposição.

Ela também jamais o deixou só, mesmo nos momentos de muita infelicidade. Ele, no entanto, não agia do mesmo modo com ela. Pensou, então, na morte de Henrique. Uma dor profunda o acometeu. Seus olhos encheram-se de lágrimas, mas ele se conteve. Continuou pensando que ele, naquele momento tão crucial, a deixou sozinha na dor. No seu egoísmo, pensou somente em si.

Enxugou as lágrimas e levantou-se. Foi tomar um banho, mas continuou pensando na morte de Henrique. Sabia que aquela dor não o abandonaria tão cedo, porém, tinha fé que ela diminuiria com o tempo. Pelo menos, ele enxergava isso em sua esposa. Não que ela não sofresse pela perda de seu filho, mas ela tinha optado por continuar vivendo pelo filho e isso a acalentava. Ela estava bem.

O engraçado é que ele também estava se sentindo muito bem. Em alguns momentos, se questionava se ele não estaria sendo infiel à memória de seu filho, mas balançava a cabeça vigorosamente e pensava que o desejo de Henrique era que seus pais fossem felizes.

"Como aquela pequena criança poderia ser tão sábia? Como ele podia falar tantas coisas tão belas sobre a vida e a morte com tão pouca idade? Sim, Deus havia mandado um de seus anjos para estar com eles e isso era uma bênção. Luíza tinha razão, como podemos ir contra Deus se foi Ele quem nos deu o nosso maior presente?"

Enquanto Onofre pensava isso tudo, Luíza o surpreendeu dando-lhe um abraço. Ele a beijou e deixou seus pensamentos para outro momento. Ambos se aprontaram para descer e tomar o café da manhã.

Quando se sentaram à mesa, Onofre surpreendeu Luíza ao fazer um convite:

— Luíza, será que hoje poderíamos fazer uma visita aos nossos amigos Edgar e Martha? Acho que seria um bom divertimento.

— Seria maravilhoso, Onofre. Adoraria ver os nossos amigos. Telefonarei para comunicá-los da visita. Espero que eles possam nos receber.

Luíza parecia uma menininha de tão feliz. Onofre percebeu que ele estava certo, precisava dar mais atenção à esposa.

Ao terminarem o café, Onofre comunicou a Luíza que iria trabalhar um pouco no escritório e, por volta das dezesseis horas, poderiam visitar os amigos.

Quando entrou no escritório, Onofre sentiu um ligeiro mal-estar. Pensou que poderia ter exagerado no café da manhã, mas o que Onofre não sabia é que os seus "acompanhantes espirituais" tinham retornado com reforços.

Verruga voltou e, após análise mais detida da situação, já havia planejado e orientado os seus companheiros sobre como deveriam agir com Onofre dali para frente.

Diante daquele ligeiro mal-estar, Onofre sentou prontamente em sua cadeira. Infelizmente, ele não era acostumado a rezar nessas situações, o que deu margem para os espíritos desarmonizadores se achegarem mais a ele, agravando progressivamente a indisposição.

Eles desejavam que Onofre tentasse descansar ali mesmo no escritório, pois isso era comum quando ele não se sentia muito bem. Com isso, o teriam mais tempo sob o seu jugo.

Onofre pensou em ir para o seu quarto, mas ao levantar da cadeira sentiu-se pior, deitando ali mesmo no sofá. Imaginou que, se descansasse um pouco, se sentiria melhor.

Sob a influência daqueles espíritos, em poucos minutos ele adormeceu e, no plano espiritual, viu-se envolvido por eles. Tomou um choque enorme. Via muitas pessoas em farrapos, sujas, algumas com rostos e corpos deformados, era tudo muito assustador. Estava com tanto medo que não conseguia sair do lugar.

Então, Verruga aproximou-se dele e falou:

— Você está pensando que vai escapar com facilidade? Não é fácil escapar de nós. Nós somos aqueles que o escravizarão por toda a sua vida, miserável. Você já fez muita coisa errada e já está comprometido demais conosco. Pensa que aquelas pessoas que você prejudicou vão perdoar você? Não será esse seu arrependimento tardio que o fará melhor, não.

Verruga continuou ameaçando Onofre com palavras duras: indicava nomes de antigos devedores, afirmando, como se fosse verdade, que todos eles o tinham como um verdugo. Por meio da culpa, Onofre se colocou como devedor de cada um deles e acreditou que nada poderia libertá-lo de seu egoísmo de outrora, de seu orgulho exacerbado e que tudo isso o condenaria pela vida eterna.

Quando Onofre começou a chorar, Verruga sorriu disfarçadamente e, sabendo que Onofre acordaria a qualquer momento pela emoção sofrida, afirmou que o estava liberando, mas recomendou que ele não esquecesse de que era um prisioneiro das sombras.

Onofre acordou assustado, chorando. Ele se lembrava do pesadelo. Tinha certeza que aquilo era um sinal de que ele não tinha mais salvação.

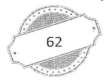

Passou a tarde toda no escritório, sem vontade de ir para casa. Estava se sentindo mal, como se não pudesse enfrentar a angelitude de sua mulher. Ele não a merecia. Foi para a casa bem tarde e suspirou aliviado quando viu que Luíza já tinha se recolhido para dormir. Ele tinha até esquecido da programação de visitar os seus vizinhos, mas se Luíza não foi ao escritório chamá-lo, era porque os seus amigos não puderam recebê-los naquele dia.

Naquela noite e nas seguintes, o mesmo pesadelo se repetiu. Onofre sempre acordava deprimido e chorando. Como os perturbadores não conseguiam ir ao quarto dele, eles o atraíam espiritualmente para o escritório, e lá, repetiam a tortura mental. É claro que eles conseguiam isso porque Onofre abraçava a culpa pelos seus equívocos do passado e não se perdoava.

Luíza começou a notar que algo estava acontecendo com seu marido, mas, quando perguntava, ele somente dizia que não estava dormindo muito bem.

Aquela alegria sentida por Onofre e transmitida à sua esposa já não era mais vista. A culpa que Onofre abraçou por suas atitudes equivocadas de outrora estavam massacrando a sua felicidade. Ele tinha medo e se sentia escravizado a algo que não sabia dizer o que era. Ele perdera a sua paz.

Após duas semanas de tortura noturna, Verruga disse que tinha de partir, mas orientou Paulo que não poupasse Onofre. O chefe determinou que ele deveria sucumbir pelo suicídio.

Luíza percebia o quanto Onofre havia mudado repentinamente. Estava com olheiras profundas. Não saía mais do escritório e estava dormindo lá também, porque quando acordava pela manhã não havia vestígios dele no quarto. Perguntava para Glória, sua ajudante de cozinha, se Onofre tinha comido, e a resposta era sempre não. Então, ela levava a refeição para ele, surpreendendo-o no escuro, sentado atrás da escrivaninha, sombrio. Num desses dias em que ela tentava fazê-lo abrir as janelas e comer, ele pediu para que ela não fosse mais lá, que ali era o seu ambiente de trabalho e que outra pessoa trouxesse o seu alimento. Ela, muda, saiu de lá chorando, profundamente magoada e desnorteada.

Aproveitando o momento, Paulo conseguiu ficar com ela, acompanhando-a até o jardim. Luíza o escutava como se os pensamentos dele fossem seus. Começou a imaginar o que poderia ter feito para que Onofre a tratasse daquele jeito, mas todos os argumentos que Paulo lhe trazia não eram aceitos por ela, porque ela tinha certeza que nada fizera. Então, Paulo, mais do que depressa, jogou a figura de uma mulher qualquer na mente dela e disse que havia outra na vida de Onofre. Esse pensamento a atingiu profundamente. Sentiu uma pontada forte em seu peito. "Será? Não, não pode ser...", pensou.

Luíza, então, sentiu-se só e pensou em seu filho. A saudade se revelou profunda e dolorosa. Uma lágrima lavou sua face.

Paulo queria acabar de vez com aquela que sempre foi a pedra no sapato deles. Ela sempre dificultou as investidas contra Onofre e, naquele momento, ela estava em suas mãos. Por isso, tentou convencê-la de que tinha sido uma esposa e mãe medíocre; que, por causa dela, o seu filho tinha morrido; que se tivesse cuidado melhor, ele não teria ficado doente. Luíza foi abraçando cada uma das palavras de Paulo e criando o seu mundo de culpa. Quanto mais ela pensava, mais chorava.

Paulo estava radiante. Pensou que ele seria promovido se levasse ao seu chefe a esposa do Onofre também. Já estava fazendo planos de como seria a sua promoção, quando Luíza, em seu desespero, começou a rezar.

Quando Henrique ainda podia passear, ela sempre o levava para o pomar. Ele adorava! Dizia que ali era o cantinho dos dois e que Deus se manifestava ali mais do que em qualquer outro lugar. Ela achava muita graça daquelas afirmativas e pensava que ele dizia aquilo por causa das frutas que ele sempre pegava no pé e comia. Antes de voltarem para casa, ele sempre a convidava para sentarem embaixo de uma vigorosa castanheira e rezar. Quando Luíza lembrou-se de Henrique, e se viu desesperada com aqueles pensamentos, percebeu que somente lá poderia se reequilibrar.

Luíza rezou, rezou como se sua vida dependesse disso. Com as luzes libertadoras da fé, Paulo não conseguiu mais ficar com ela, afastando-se e praguejando muito. Henrique e Adamastor vieram em seu socorro, emanando as energias para um melhor pensar. Sentia-se esgotada! O nervosismo sofrido, juntamente com a influenciação de Paulo, a tinham deixado cansada e, após a oração, ela recostou-se na castanheira e dormiu profundamente com a ajuda dos espíritos amigos.

Quando Luíza, no plano espiritual, se deparou com Henrique e Adamastor, abraçou-os feliz. Eles disseram que tudo seria resolvido se ela se mantivesse firme em suas crenças.

— Mamãe, papai está sofrendo pelas atitudes que tomou no passado. Como agora ele quer mudar, está sendo alvo dos espíritos que não o querem bem. Eles o estão manipulando em seus maiores temores e ele está aceitando as ideias deturpadas que trazem, porque se sente culpado pelas atitudes que tomou. Acredita que não terá o perdão daqueles que prejudicou no passado e se coloca como devedor deles. Papai, mais do que nunca, precisa de seu apoio e orientação, mamãe.

— Mas o que poderei fazer, meu filho? Quem sou eu para lutar contra aqueles que não enxergo no plano da matéria?

— Mamãe, você já fez isso. A senhora não percebeu que estava sendo alvo desses mesmos espíritos? Mas, diante de sua fé, rezou e afugentou os que traziam ideias desequilibrantes. É só rezar com fé, mamãe, acreditando que o Pai jamais abandona um filho Seu que acredita em Sua misericórdia.

— Ah, meu filho. Nisso você tem razão, porque, caso contrário, eu não estaria conversando com vocês neste momento... – parou um minuto. – Meu filho, eu lembrarei dessa nossa conversa quando acordar?

— Sim, mamãe. Fique algum tempo recostada na árvore, relembrando de nossas palavras para que você se fortaleça em sua fé. Não desanime, estaremos com você para auxiliar papai no seu novo recomeço.

— Obrigada Henrique e obrigada, meu velho amigo! – disse Luíza referindo-se a Adamastor. – Sei que não estarei só. Deus e vocês estão comigo.

Luíza acordou enlevada. Estava muito feliz. Sabia que estava prestes a enfrentar uma batalha, mas com a ajuda de Henrique e de... Como era mesmo o nome dele? Ela sabia que conhecia aquele ser angelical há muito tempo, mas não se lembrava do nome dele, embora soubesse de sua grande importância para ela. De qualquer forma, com o auxílio de seus "anjos da guarda", ela conseguiria ajudar Onofre, pensou.

Foi para casa arrumar o almoço, pois ela iria levá-lo pessoalmente para Onofre no escritório.

A turma que acompanhava Onofre no escritório estava em alvoroço. Eles foram comunicados que Luíza iria até eles. Tinham que tomar alguma atitude. Normalmente, somente a presença dela ali já fazia com que os "da Luz" pudessem entrar e atrapalhar todo o processo já iniciado.

Então, Paulo determinou que dois companheiros fossem até a casa e tentassem entrar no cômodo onde ela estava e atrapalhá-la como pudessem. Era imperioso que ela não fosse ao escritório.

Onofre estava péssimo. Não tinha ânimo para mais nada. Só queria deixar de sentir aquele incômodo. Já tinha pensado inúmeras vezes que seria melhor para Luíza se ele fosse embora, pois não era um bom marido. Nunca lhe dava apoio quando ela precisava. Até o seu filho foi levado por Deus para puni-lo de todas as suas más ações.

Os desordeiros não davam trégua para Onofre. Ele, desacostumado de orar, somente ia se afundando no remorso. As figuras daqueles a quem ele achava que tinha prejudicado não paravam de passar pela sua cabeça. Às vezes, via a imagem de pessoas que não conhecia, mas não se sentia confortável diante delas também.

"Não aguento mais. O que terá acontecido com cada um deles? Será que conseguiram se reerguer? Ou será que morreram na míngua, na pobreza? Devem ser eles que estão vindo para me assombrar."

A cada pensamento de Onofre, os desordeiros alimentavam mais a sensação de desagrado e desamparo. A imagem vista no plano espiritual era desalentadora. Junto a Onofre estavam os dois espíritos que o influenciavam diretamente, emanando sombras enegrecidas para alguns de seus centros de força. Tudo o que eles falavam era absorvido como se os pensamentos fossem dele. Eles já estavam tão sintonizados com Onofre que era difícil enxergar onde começava um e terminava o outro.

Paulo estava muito satisfeito com o seu trabalho. Enquanto isso, os dois comparsas de Paulo tentavam entrar na casa principal, porém não conseguiram. Luíza vinha rezando desde o pomar para o reequilíbrio de seu lar. Agora ela estava na cozinha preparando o almoço e cantando baixinho louvores ao Senhor.

Os comparsas de Paulo estavam com medo de retornar e contar que não conseguiram entrar na casa. Resolveram, então, tentar desequilibrar a ajudante de cozinha, pois ela tinha saído da casa para buscar frutas para a sobremesa. Eles sabiam que ela estava namorando um dos empregados e que ele tinha fama de mulherengo.

Sabendo disso, eles a abordaram e levaram-na a pensar no namorado. A princípio, ela ficou muito feliz, mas depois, eles a induziram a questionar o porquê de ele não ter aparecido na noite anterior.

"Ora...", ela pensou, "ele me avisou que teria que fazer um trabalho extra".

Então, eles jogaram em seu campo mental a imagem dele no bar com outra mulher, debochando da sua ingenuidade. Ela sabia que ele não era muito confiável, então isso foi o suficiente para que conseguissem que ela se desarmonizasse e eles se acoplassem a ela para entrar na casa.

Foi um pouco difícil e até doloroso para eles quando ela passou pela porta, mas conseguiram. Quando chegaram lá, ficaram muito preocupados. Paulo tinha dito que ele mesmo já tinha iniciado um trabalho com Luíza para o seu desequilíbrio, mas não era o que eles estavam vendo. Ela estava muito bem, aliás, bem até demais. "Talvez ele tivesse mentido", pensaram.

Ela já estava preparando a bandeja com o almoço do marido e eles não podiam perder tempo.

Imediatamente, fizeram com que a ajudante de cozinha ficasse mais irritada com os pensamentos que a abordavam. A cada pedido ou pergunta que Luíza fazia, ela respondia com certo desrespeito, o que surpreendia Luíza e trazia certo desconforto. Quando Luíza perguntou onde estavam as frutas que trouxera do pomar, foi a gota d'água para a sua ajudante. Ela esqueceu com quem estava falando e lhe deu uma resposta muito malcriada.

A primeira reação de Luíza foi ficar irritada, mas, de súbito, pensou como aquilo era estranho. Glória era sempre tão carinhosa e prestativa. Talvez algo tivesse acontecido e ela não estivesse bem.

Luíza a repreendeu pelo seu comportamento, mas questionou o porquê do seu mau humor, já que antes ela estava tão bem. Glória piscou os olhos, como se estivesse saindo de um torpor. Disse a Luíza o que aconteceu e esta a aconselhou a terminar logo o namoro se ela não acreditava na sinceridade dos sentimentos do rapaz. Sua vida seria um inferno a cada momento em que eles não pudessem ficar juntos.

Luíza, então, pensou consigo que isso não era só coincidência. Ela também não tinha tido uma experiência semelhante naquela manhã? Henrique havia avisado sobre como os espíritos desarmonizadores trabalham, então caberia a ela não lhes dar o gosto da vitória. E deu um sorriso discreto como se dissesse a si mesma: "ponto pra mim".

Ela pegou a bandeja e dirigiu-se ao escritório. Os dois comparsas de Paulo entraram em desespero e, como último recurso, derrubaram a bandeja para fazê-la desistir.

Luíza sentiu como se alguém tivesse dado um tapa na bandeja, derrubando-a, mas não havia ninguém próximo.

Ela, então, foi novamente ao fogão e começou a preparar outra bandeja, com paciência e amor. Dois espíritos, apavorados, aproveitaram que ela demoraria um pouco com aquela tarefa e resolveram fugir dali para o mais longe que conseguissem. Eles sabiam que seriam punidos por não terem conseguido impedi-la de ir ao escritório e Paulo não era muito tolerante com aqueles que falhavam em suas missões.

Quando terminou, Luíza firmou seu pensamento em Deus e dirigiu-se ao escritório para mais uma batalha.

Onofre ouviu baterem na porta. Perguntou quem era, pois não queria receber ninguém. Não estava se sentindo bem e não queria mais nada. Quando ouviu que era Luíza, um misto de raiva e alegria tomou conta dele. Ele não queria comer e tampouco ver ninguém, mas era Luíza... Sem ter qualquer resposta de Onofre, Luíza abriu a porta. O cheiro da comida fresquinha trouxe uma dor no estômago dele e a fome se manifestou imediatamente. Naqueles últimos dias, ele estava apenas beliscando a comida que lhe levavam, não tendo, portanto, comido como de costume.

Luíza entrou sorridente. Trazia na bandeja a comida que ele mais gostava, suco e frutas bem fresquinhas de sobremesa. Quando ele a viu, sentiu que estava agindo errado com ela, mas parecia que não tinha forças para lutar contra o desânimo.

Ela, por sua vez, agiu como se tudo estivesse normal. Sentou-se em uma cadeira próxima da mesa e perguntou sobre os negócios, sobre as atividades da fazenda, sobre a futura visita aos vizinhos que não puderam recebê-los antes. Ele respondia tudo com monossílabos, entre uma garfada e outra.

Os espíritos voltaram a atacá-la com energias desequilibrantes. Entretanto, ela não estava só e, mesmo sentindo um pouco de irritação pelas respostas monossilábicas, sonolência e um pequeno mal-estar desde a hora que chegou, fixava o pensamento no mais Alto e continuava a conversar com ele.

Com o passar do tempo, Onofre sentiu-se diferente, mais forte por ter se alimentado direito e, tendo a presença de sua esposa ali, não se via tão abandonado e desolado como antes.

Ela percebeu a melhora e, sentindo que deveria tirá-lo dali, fez o convite para que ele a acompanhasse em um passeio. Ele titubeou. Os espíritos, imediatamente, o envolveram para que ele não aceitasse o convite, mas vendo o sorriso reconfortante de Luíza, ele os rejeitou e resolveu ir com ela.

Paulo bradou de ódio. Mandou que os acompanhassem e impedissem qualquer melhora por parte de Onofre. Ele iria tomar providências.

Onofre saiu com Luíza e lá fora ela o abraçou, e caminharam por entre as árvores do pomar. Pensou em dizer-lhe sobre a experiência que teve com Henrique, porém, sentiu que não era hora nem lugar. Ela conversava coisas amenas e ele respondia com timidez, com dificuldade de se sentir dono do amor daquela que estava ali, ao seu lado.

A visão daquela cena no plano espiritual era interessante: do lado de Luíza vinha um brilho resplandecente; porém, do lado de Onofre, uma escuridão o abraçava. Quanto mais eles caminhavam, mais a abordagem dos capangas de Paulo se enfraquecia.

Sentindo que era chegada a hora, Luíza convidou Onofre para entrar e ele aceitou prontamente. Onofre sentiu um alívio tranquilizador e até conseguiu sorrir. Luíza, orientada pelos seus amigos espirituais, subiu com Onofre para o quarto e pediu que ele se sentasse. Onofre sentou-se e, percebendo que ela estava serena, mas séria, ficou apreensivo. Logo ela falou:

— Preciso que você me escute, e me escute com muita atenção. E enquanto eu estiver falando, por favor, não me interrompa. Se tiver dúvida ou não acreditar no que eu vou lhe dizer, não tem problema, mas primeiro, terá de escutar tudo o que eu tenho para falar, está bem?

Ela parou e somente com o assentimento dele recomeçou:

71

— Hoje, tive uma experiência muito bonita...

Aí, ela explicou tudo que tinha acontecido desde a sua expulsão do escritório até aquele momento, somente ocultando que foi o seu filho quem a auxiliou.

Ele a escutava com admiração. Reconheceu que a descrição feita por ela sobre como ele estava intimamente era verdadeira. Admitiu o quanto tinha melhorado com a presença de sua mulher no escritório e, depois, fora dele. Percebeu o quanto estava mais fácil para ele pensar sobre o passado e suas ações, ali, naquele quarto. Não que ele não tivesse responsabilidade sobre elas, mas reconheceu que elas não eram tão graves quanto pareciam ser.

Luíza continuava a falar sobre a sensação que teve ao entrar naquele escritório e que, se não acreditasse que estava sendo amparada pelos "Anjos do Senhor", ela possivelmente não aguentaria ficar lá por muito tempo. Onofre escutava tudo sem nada falar. Quando ela terminou, perguntando como ele estava se sentindo naquele quarto, ele respondeu:

— Bem, muito bem.

Como ela continuou parada aguardando que ele falasse, ele acrescentou:

— Luíza, isso tudo é muito novo para mim. Sei que espera que seja eu quem a ampare e não o contrário, mas apesar de ter ouvido tudo o que disse, e ter concordado com quase tudo, eu não sei o que devo dizer ou fazer.

E colocou as mãos nos cabelos num gesto desesperado. Onofre respirou fundo como se estivesse pensando se deveria falar. Preferiu continuar:

— Admito, agora, que eu nem me reconheço quando paro para pensar nos últimos dias e do modo como os vivi. Se eu disser a você que, pela manhã, eu já tinha perdido a esperança de continuar vivendo, e agora me parece que tudo era somente um pesadelo. Fico mais confuso e sem saber como agir. Por que não sei como lutar contra algo que não vejo?

— Meu querido, mas foi esta pergunta que fiz ao anjo que me auxiliou. E a resposta dele foi a de que nos abriguemos na oração

e nas nossas convicções mais profundas. Por que você acha que está se sentindo melhor agora? Porque você está em um ambiente que procuramos manter em harmonia. Você não tem o costume de rezar, mas quando está ao meu lado, à noite, pelo menos você me escuta. Aqui, queremos viver em paz e então procuramos estar bem. Emanamos o tempo inteiro energias de amor e dedicação para que esta casa seja o nosso lar. Mas, como você faz no seu escritório? Como age para manter a energia equilibrada no seu ambiente de trabalho?

Onofre pensou, e viu que ela tinha razão. Ele entrava no escritório e já vestia o manto do administrador implacável. Somente nos últimos meses ele buscava pensar diversamente sobre como agir diante da dificuldade dos seus devedores, mas talvez isso ainda não fosse suficiente. Quanto mais pensava, mais medo sentia de ficar sozinho no escritório. O que será que tinha lá? Lembrou-se de alguns sonhos que tivera uns dias antes e o quanto eram assustadoras as pessoas que o ameaçavam.

Nesse momento, Luíza lhe disse:

— Não tema viver a vida por medo daquilo que não conhece. A vida nos foi dada por Deus para que dela extraíssemos todo o aprendizado necessário ao nosso crescimento íntimo. Quando estamos com Jesus, nada pode nos atingir. E estar com Jesus não é difícil, basta nos esforçarmos para darmos um rumo cristão às nossas ações e pensamentos... — falava Luíza, fortemente inspirada por Adamastor. — Esses irmãos que o estão assediando, são irmãos ignorantes que ainda não entenderam que cabe somente à Justiça Divina agir para o nosso aprendizado; que se desejamos algo para alguém, que deixemos a vida dar-lhe o rumo certo para o seu crescimento. Enquanto eles não compreendem isso, eles se tornam os escravos de suas próprias mágoas e rancores; não se permitem viver com plenitude a vida espiritual que lhes pertence. Mas entenda que tudo tem o seu tempo e o tempo de Deus acontecerá na vida deles também.

Onofre percebeu o quanto Luíza estava inspirada ao transmitir aquela mensagem. Pensando em suas palavras, seus olhos ficaram cheios de lágrimas que teimavam em querem aparecer. Ele elevou o seu pensamento a Deus agradecendo a oportunidade de compreender a grandeza da Sua misericórdia. Pediu amparo para os dois. Queria acertar. Queria ficar bem. Queria ser um bom cristão. Então, chorou. Chorou comovido pelos seus pensamentos de desistir de sua própria vida. Lembrou-se de Henrique. Chorou por se sentir amado, não só por sua esposa e filho, mas também por Jesus e também por Deus. Ele se sentia amparado e queria amparar aqueles irmãos espirituais que ainda não tiveram a chance de sentir o que ele estava sentindo naquele momento.

— O que podemos fazer para ajudar esses espíritos?

Roberto sorriu ao lado de Adamastor que, por intermédio de Luíza, lhe disse:

— Não sinta raiva, nem pena. Quando retornar ao escritório, comece o seu dia com uma bela oração. Diga em voz alta o que sente e deixe a luz se expandir naquele ambiente que também é uma morada do Pai neste Universo. Entenda que não será você quem fará o que tem de ser feito, mas será por você que os espíritos amigos conseguirão atingir alguns daqueles corações. Havendo novamente harmonia naquele ambiente, naturalmente eles não mais poderão ficar ali. Se não estiverem vibrando na mesma onda de paz, eles se sentirão obrigados a sair. Quem sabe, antes disso, alguns seguirão por outros caminhos, desejando abandonar os sentimentos de angústia e vingança que os escravizam.

Onofre abraçou Luíza e, movido pela necessidade de mudança, fez uma pequena oração.

Luíza escutou comovida a oração feita pelo seu marido. Agora sim, sabia que algumas coisas mudariam daquele dia em diante.

A primeira batalha foi vencida. Agora faltava levar o amparo aos que ainda se veem à margem da Justiça Divina.

Onofre não retornou mais ao escritório naquele dia. Precisava se fortalecer naqueles novos pensamentos, se fortalecer no amor de sua esposa que, novamente e sem perceber, ele havia abandonado. Era só se sentir desamparado que desamparava aquela que sempre o ajudou nos momentos de dor. Como podia fazer isso com ela?

Bem, não tinha que pensar mais no passado e, sim, no futuro. Ele precisava entrar em seu escritório. Ele tinha de perder o medo que o abateu depois de saber que aquele ambiente estava repleto de irmãos espirituais que o odiavam a ponto de lhe querer tão mal. Ele queria consertar isso. E, se fosse possível, ajudá-los a encontrar luz e conforto para os seus corações.

Quando foi dormir, rezou comovido uma prece a Jesus, pedindo auxílio e força para a nova empreitada de seu coração e dormiu tranquilo.

No dia seguinte, juntamente com Luíza, levantou-se e foi tomar café. Precisava estar fortalecido para o trabalho. Quando terminou o seu desjejum, sentia calafrios em seu estômago. Sentia-se fraco, sem a certeza de que possuía instrumentos de luta para o porvir. Luíza, percebendo sua ansiedade, perguntou se poderia ir com ele ao escritório, porque achava que tinha esquecido um lencinho seu lá.

Ele, com um sorriso maroto, disse que o procuraria e o traria para ela na hora do almoço. Ela, então, agradeceu e disse que não procurasse muito, pois ela só tinha desconfiança de que o esquecera lá.

"Ela é maravilhosa", pensou Onofre consigo.

Com tal atitude, sentiu-se mais forte. Foi ao seu escritório e, pela primeira vez, Onofre olhava para ele com "olhos de ver e ouvidos de ouvir." Parecia que aquele cômodo estava repleto de gente. As sensações de abandono e tristeza o acometeram, mas ele, imediatamente, as rechaçou. Tinha em sua mente que ele era dono de si mesmo e que nos seus sentimentos quem mandava era ele. Sentou-se à frente de sua mesa e colocou uns papéis sobre ela. Trabalhou por algumas horas, mas quanto mais tempo ali ficava, mais lutava para ficar concentrado.

Infelizmente, Onofre, por não ter costume de rezar, esqueceu-se da orientação dada. Parecia que estava nadando numa correnteza e que, com o tempo, ia perdendo as forças. A cada momento a sua concentração ficava mais difícil. Sua cabeça estava pesada. Ele estava se perdendo, estava se sentindo dormente, sem forças. Seus pensamentos começaram a ficar confusos.

Os espíritos estavam tentando fazê-lo dormir porque, se conseguissem, eles o ameaçariam novamente e ele se entregaria à tristeza e ao desespero conforme o plano original. Quando Onofre já não estava mais aguentando a pressão na cabeça, Luíza bateu à sua porta. Ela, com o sorriso largo, perguntou se ele precisava de auxílio em alguma coisa. Onofre lhe disse que estava muito sonolento e com um pouco de mal-estar. Ela, carinhosamente, lembrou-o de que quando não se sentisse bem deveria rezar para trazer bons fluidos ao seu ambiente de trabalho. Onofre surpreendeu-se com o seu esquecimento. Ele tivera aquela orientação, mas, desacostumado, esquecera completamente de buscar a harmonia através da oração.

Paulo urrou de raiva. Eles estavam quase conseguindo trazer Onofre para o lado deles. Os comparsas olharam para ele com desconfiança. Começavam a achar que Paulo não daria conta do recado e, se ele falhasse, todos iriam pagar pela sua incompetência. Dois deles já haviam fugido, no mínimo, para não serem punidos severamente pela incapacidade do seu líder. Já estava havendo um murmurinho entre eles até porque, pelo que sabiam, Paulo nada fizera para trazer os desertores de volta. Ouvindo os rumores e sentindo que se não fizesse algo o pior poderia acontecer, Paulo olhou para todos e vociferou:

— Ai daquele que me trair. Aqueles dois desertores já foram capturados e estão sendo severamente punidos por terem nos abandonado! – mentiu Paulo. – Quanto a Onofre, estamos indo bem. Ora, vocês sabem que Onofre é um fraco. Não consegue nada sem chorar na barra da saia da esposa. Nós o venceremos. Vocês duvidam?

Em coro, todos responderam que não. Os ânimos haviam voltado. Paulo, porém, não tinha tanta certeza. Ele também estava cansado daquilo. Pensou que ser um líder seria bom para ele, porque deixaria de ser subjugado para subjugar. Ele até gostou dos primeiros trabalhos, mas começou a desconfiar que não era tão bom. Nem sabia por que o chefe tinha mandado perseguir esse daí. Bem, que ele não prestava, era óbvio. Pelo tempo que acompanhava Onofre já o tinha visto prejudicar uma dúzia de pessoas. Ele só queria o dinheiro que havia emprestado e muitas famílias ficaram pobres e desajustadas pela insensibilidade daquele homem. Diante disso, Paulo encontrava motivos para ser perverso com aquele ser. Ele merecia cada tortura que ministravam nele, e deveria pagar por tudo aquilo.

Roberto e Adamastor aproveitaram o momento de análise em que Paulo entrara para tentar levar ao seu coração alguma conscientização sobre como ele vivera sua vida até ali. Sem perceber a influência, Paulo sentiu que não gostaria de viver o resto de seus dias daquela forma. Mas, o que fazer?

Estava tão absorto em seus pensamentos que se esqueceu de orientar os seus comandados em suas tarefas. Como nada disse, ninguém nada fez para impedir Onofre de sair com Luíza. Quando percebeu que eles já tinham saído, disfarçou dizendo que ele tinha novos planos e, em razão disso, daria a todos um descanso merecido pela dedicação e fidelidade. Com isso, Paulo os liberou para irem aos bares próximos e prostíbulos até o dia seguinte, quando voltariam com a carga total contra Onofre. Com grande euforia, todos se afastaram o mais rápido possível, antes que seu líder mudasse de ideia.

Sozinho, Paulo saiu para os jardins. Pela primeira vez via o ambiente ao seu redor. Viu as flores, as árvores, os pássaros cantando e viu... Meu Deus, viu o sol. Há quanto tempo não via aquela luz? Mas, como poderia ser isso? No dia anterior, ele estivera ali com Luíza para fazê-la desarmonizar-se, mas o sol não brilhava, ou brilhava? Para falar a verdade, não via a luz há muito tempo. Sentou-se embaixo de uma frondosa castanheira, a mesma em que Luíza havia se sentado para orar, e ali ficou olhando ao seu redor. Ele estava surpreso consigo mesmo, porque havia anos que o seu mundo era cinza. Tudo e todos ao seu redor eram feios, sem brilho e sem cor. Só existiam planos, manipulações, raiva e dor. Pela primeira vez, depois de anos, Paulo deixou cair uma pequena lágrima de arrependimento.

— O que quero para mim? Depois de tanto trabalho, uma mulher sozinha consegue derrubar tudo o que fiz. Ele estava em minhas mãos. Agora, se não o recuperar, farão da minha vida um inferno, porque eu não tenho amigos para me proteger e ninguém me ajudará se eu falhar. Ao contrário, todos estão doidos para que eu caia e assim possam tomar o meu lugar. Tolos. Como me arrependo de estar nesta função. O chefe me torturará e me trancará a sete chaves se eu falhar.

Pensou em quando estava encarnado e lembrou que também não tivera amigos. Pelo menos, não verdadeiros. Foi assassinado por seus próprios "amigos" quando eles não conseguiram ser bem-sucedidos em um plano criminoso do qual nem tinha conhecimento. Eles o mataram e colocaram toda a culpa nele. Ficou tão enraivecido que só queria dar o troco.

"Quando acordei 'morto'", pensou, "esperei que alguém que eu amasse viesse me ajudar a me vingar, mas ninguém veio. Aceitei, então, a ajuda das sombras. Meus pais nunca apareceram para me ajudar. Também, depois do que fiz... Eles não me perdoariam nunca mesmo. Preciso pensar. Se eu tentar fugir, com certeza o chefe mandará me buscar. Aqueles dois traidores só não foram pegos ainda porque eu não dei o alarme. Mas, por que não fiz isso ainda? Como farei se tudo o que tentei deu errado? Estou sem ideias, sem forças e sem vontade de continuar. Ah. O que fiz da minha vida?".

Colocou a sua cabeça entre as mãos e, pela primeira vez após o seu desencarne, chorou copiosamente.

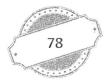

Naquele momento, Henrique apareceu à sua frente. Ele estava lindo. A sua luz ofuscava os olhos de Paulo que tentava enxergar quem havia aparecido ali. Quando ele percebeu quem era, se envergonhou. Abaixou a cabeça e não disse nenhuma palavra. Henrique, porém, lhe falou:

— Paulo, lembra-se de mim? Sou Henrique, filho de Luíza e Onofre e, principalmente, um amigo seu. Não gostaria que sofresse mais as dores por seus equívocos. Gostaria de ajudá-lo.

— Como você me conhece? E como você poderia me ajudar? É só uma criança – disse Paulo sem muita convicção.

— Paulo, nós somos amigos de muito tempo e eu jamais o abandonei. Sou uma criança aos seus olhos, mas em seu coração sabe que posso ajudá-lo a ter uma nova vida, sem dores e sem torturas. Gostaria que pudesse vir comigo para o alívio de seus males.

— Você não quer me ajudar. Só quer que eu liberte o seu pai para que ele possa voltar a ser feliz. Mas, se eu fizer isso, estarei construindo um futuro de dores atrozes para mim.

— Nesse momento eu não busco a liberdade de meu pai, até porque se você se for, outro entrará em seu lugar. O meu objetivo é ajudá-lo a fugir dessa prisão na qual você se trancou. Sinto que você está cansado de interferir na vida dos outros, que está cansado de sentir raiva. Nem essa função que conquistou com tanto esforço lhe agrada mais. Por favor, meu amigo, aceite o meu convite e venha comigo para que possa descansar e viver em paz novamente.

— Você não sabe quem eu sou ou o que fiz. Eu não mereço receber o auxílio dos "da Luz", porque eu não sou uma boa pessoa.

— Paulo, quem sou eu para criticá-lo por atitudes equivocadas que você possa ter tido. Somente Deus teria o direito de julgá-lo, mas nem isso Ele faz, porque o conhece e sabe de suas potencialidades. Estou aqui para ajudá-lo, porque no seu coração o seu arrependimento foi eficaz. Porque o seu estado de espírito clama por Deus e Ele nos enviou ao seu auxílio.

— Você não entende? Como eu posso ser lembrado por Deus? Neste exato momento, sou eu que lidero a perturbação espiritual de seu pai e, antes, fui o responsável pela morte prematura de meus próprios pais.

— Não se culpe pelos resultados das escolhas equivocadas de sua parte. É sabido que, pelas leis divinas, responderá pelas suas ações, mas o Pai não nos pune por errarmos. Ele somente deseja que aprendamos com os nossos erros. Tudo tem uma explicação e elas lhe poderão ser reveladas.

Nesse momento, Paulo começa a vislumbrar uma luz ao lado de Henrique que vai tomando forma de uma mulher. Ele tenta fixar os olhos para saber quem é e surpreende-se com o semblante sereno de sua mãe.

Paulo abaixa a cabeça de vergonha. Ele deseja, com todas as forças de seu ser, abraçar aquela que o criou e o amou acima de tudo. Mas ele não pode fazer isso, porque ele a traiu. Suas lembranças passavam diante de seus olhos como cenas de um filme. Ele fugira de casa, levando as parcas economias de seus genitores. Era um jovem forte que não gostava de estudar, tampouco trabalhar. Vivia à custa do suor do trabalho de seu pai. Numa noite, quando foi procurar uns trocados na gaveta de seu pai, descobriu, numa caixa escondida, um maço de dinheiro. Sentiu-se traído por seus pais jamais terem dito a ele sobre aquela quantia, que não era muito, mas que já poderia lhe dar uma vida diferente. Então, pensou que aquele dinheiro era seu por direito e fugiu de casa, levando-o sem lhes dar qualquer satisfação. Soube, alguns anos depois, que os seus pais tinham sido mortos logo após a sua fuga, mas ninguém sabia bem a razão. Havia boatos de que eles tinham feito um empréstimo com um agiota que, não recebendo o pagamento, mandou matá-los. Paulo soube imediatamente por que eles não conseguiram pagar; claro, eles já não tinham mais o dinheiro. Ele sabia que, indiretamente, foi ele que matou os pais.

— Filho – disse sua mãe –, levante os seus olhos e venha até mim. O meu objetivo é tê-lo de novo em meus braços, como já o tive, mas o perdi para a sua ambição desenfreada. Veja em mim a pessoa que lhe deu o nome e o amou profundamente, mas da forma que eu sabia amar.

Seu coração batia forte e sua vontade era de se jogar em seus braços, mas estava envergonhado. Sua mãe brilhava como uma estrela. Como ele não percebera a angelitude de sua mãe? Mas nada disso era importante na época, somente o dinheiro.

— Mãe, eu não posso. Tenho vergonha. Não sou digno da senhora. Fui eu que a matei, mãe. Fui eu quem roubou o dinheiro que estava na gaveta e vocês não tiveram como pagar ao agiota. Fui eu, mãe.

— Não pense, meu filho, que foi você quem nos matou. Isso só lhe provoca a colheita de mais culpas. E é a sua culpa que o escraviza a essa vida que está levando. Era necessário o nosso desencarne prematuro. Em razão de sua ação, nós tivemos o resgate que necessitávamos. Claro que não estava programado que seria você quem daria o empurrãozinho para tal acontecimento, mas tendo sido, tudo aconteceu como tinha de ser. No entanto, meu filho, nada disso importa porque maior do que tudo isso é o meu amor por você. Estou aqui para lhe dizer que, sejam quais forem os seus crimes, estes não diminuirão o sentimento que tenho por você. Sou sua mãe, sua amiga e sempre serei. Aceite o meu abraço e venha comigo, meu filho. Você merece ser feliz.

Paulo abraçou a mãe e chorou em seu ombro como uma criança. Ele jamais deixou de amar os seus genitores, somente acreditava que merecia ter uma vida melhor.

Mas, em seus braços, Paulo lhe falou:

— Mãe, não posso ir. Tenho que desfazer o mal que tenho feito aqui. Henrique mesmo disse, se eu for, outro virá e ficará em meu lugar. Não sei o que fazer, mas se eu posso ser perdoado pela senhora, talvez eu possa me perdoar se ficar e consertar um pouco os meus erros.

A mãe de Paulo compreendeu a extensão daquele pedido. Então, como se tivesse confabulado com alguém que Paulo não via, falou que, se era aquele o seu desejo, ele deveria acreditar que não ficaria só. Ele teria ajuda dos amigos espirituais e que, se ele confiasse, logo receberia orientação e auxílio para o alívio de seu coração.

Fazendo elevada prece, desapareceu juntamente com Henrique, sorrindo para o seu filho muito amado.

Paulo sorriu, recompôs-se e voltou ao escritório de Onofre para enfrentar o seu novo destino.

Onofre resolveu levar sua esposa para passear. Iriam visitar os seus vizinhos. Se eles não estivessem em casa, pelo menos teriam passeado, coisa que não faziam há muito tempo.

Luíza se sentia jovem novamente. Como era bom ter o seu marido de volta. Não aquele marido que estava sempre irritado com os negócios, mas o que se casou com ela. Aquele que não tinha muito dinheiro, mas lutava com dignidade para conquistá-lo.

Luíza se lembrava de quando eles tiveram a oportunidade de comprar aquela fazenda. Onofre ficou exultante! Eles fizeram um ótimo negócio com o antigo proprietário que, estando em apuros, a vendeu por uma bagatela. Claro que precisou de algumas reformas, mas Onofre foi muito inteligente e conseguiu recuperá-la em pouco tempo. Ele sempre lhe dizia que não sabia como eles puderam ter tanta sorte em conseguir comprar a fazenda, mas ela sabia que a sorte não tinha sido a razão dessa aquisição.

O senhor Gilberto, pai de Luíza, era um comerciante muito conhecido na cidade onde moravam. Ele não era rico, mas tinha bons rendimentos e era muito bem conceituado na cidade. Tinha posições firmes sobre as suas verdades e, quando era contrariado, dificilmente voltava atrás em sua opinião. Porém, quando ele gostava de alguém, dificilmente se enganava.

E foi o que aconteceu entre ele e Onofre. Quando Luíza apresentou o seu novo namorado à família, existiam muitos motivos para que o seu pai não o aceitasse, pois Onofre era pobre, sem família, bêbado (porque, lógico, eles ficaram sabendo do caso do beco), mas parecia que se conheciam há séculos. Luíza e sua mãe, dona Lourdes, se surpreenderam com a reação de Gilberto.

Quando eles decidiram se casar, o senhor Gilberto resolveu dar uma ajudinha. Onofre sempre afirmava que iria sustentar a sua família comprando uma terrinha e nela trabalhar. Quando o senhor Gilberto soube que próximo dali havia uma fazenda à venda por um bom preço, devido às dificuldades do proprietário, fez com que Onofre soubesse disso e fosse visitá-la. Deu a eles de presente de casamento uma boa quantia. E, além disso, pagou ao dono da fazenda a diferença que Onofre não podia pagar. Porém, deixou bem claro ao vendedor que ninguém poderia saber disso.

E ninguém ficou sabendo, com exceção, é claro, de Luíza, que conhecia tanto o seu pai que o fez confessar a trama. Ele lhe disse que fez isso tudo porque acreditava no potencial do genro para fazer a filha feliz e administrar uma fazenda. Grata pelo carinho paterno, Luíza prometeu guardar esse precioso segredo.

Com o passar dos anos, Onofre conseguiu fazer com que aquela fazenda produzisse e progredisse, ficando bem financeiramente. Ele, sem saber e para orgulho de seu sogro, atendera todas as suas expectativas.

Luíza voltou de seus devaneios, pois já estavam chegando à fazenda dos amigos. A visita inesperada deixou Martha e Edgar muito felizes. As mulheres foram para uma sala íntima conversar amenidades e os homens ficaram no salão colocando as notícias em dia e falando sobre negócios.

Quando estavam para sair, Onofre arriscou uma pergunta a Edgar sobre algo que o estava incomodando a tarde inteira:

— Meu amigo, somos conhecidos de longa data e por isso eu afirmo que alguma coisa o perturba. Eu posso fazer algo para ajudá-lo?

— Onofre... – como se estivesse numa vigorosa batalha interior, suspira profundamente e prossegue –, gostaria de não ser eu a lhe contar sobre o que fiquei sabendo hoje de manhã, mas acredito que você saberá de qualquer jeito, então, é melhor que seja eu mesmo quem conte.

Onofre ficou apreensivo com a postura grave do amigo, mas acalmou seu coração para escutá-lo.

— Tenho certeza de que você se lembra da família Martins...

Só de escutar esse nome, o coração de Onofre saltou para a garganta.

Edgar continuou:

— Bem, o senhor Moraes, dono da mercearia, teve notícias da família Martins e ficou sabendo que o senhor Percival, por ser um notável homem de negócios, apesar das dificuldades financeiras que enfrentou, conseguiu se reerguer e adquirir uma casa para a família morar e uma loja, que ia muito bem, dando uma lucratividade razoável para todos viverem, não com luxo, mas com dignidade. Mas, infelizmente, Percival faleceu prematuramente alguns anos depois, por ter contraído uma doença nos pulmões, não tendo tido tempo suficiente para ensinar ao seu primogênito todas as habilidades para conduzir o negócio. Com a sua morte, o filho, não tendo o mesmo tino comercial do pai, fez com que, novamente, eles perdessem tudo em razão de dívidas contraídas.

No início, a família foi amparada pela irmã do senhor Percival. Uma mulher viúva com uma condição financeira muito boa. Mas, poucos meses se passaram e ela começou a implicar com a presença do rapaz em seu lar, até que um dia, para a surpresa de todos, deu um ultimato à cunhada, afirmando que a aceitaria juntamente com sua filha, mas o jovem deveria procurar outro lugar para ficar. Fiquei sabendo que a dona Josefina, agradecendo todo o bem que a sua cunhada havia proporcionado a eles, despediu-se, pois não podia desamparar o seu filho. Naquela mesma tarde eles saíram do conforto daquele lar e não foram mais vistos.

O coração de Onofre batia tão forte com o relato, que ele quase não escutava o que o seu amigo falava. Ele só pensava que tudo aquilo tinha sido culpa dele.

— Mas, Edgar, você não sabe para onde foram? Como estão agora? Há quanto tempo foi isso?

— Infelizmente, não sei de mais nada. Sei somente que a família já não é mais vista por aqui há mais de um ano.

Onofre agradeceu ao amigo pela informação, pois, apesar de dolorosa, a revelação era providencial.

Como já estava na hora de ir, Onofre encontrou-se com Luíza, que imediatamente desconfiou que tinha acontecido algo.

— Onofre, você está bem? Parece-me pálido.

— Estou bem, Luíza. Já podemos ir?

Ambos se despediram dos amigos e se dirigiram para o carro. Tão logo ficaram sozinhos, Luíza perguntou novamente ao marido o que o afligia, tendo como reação por parte dele um silêncio sentido que a surpreendeu profundamente.

Ela o abraçou e sentiu que, quando ele estivesse pronto, ele falaria.

Onofre resolveu contar à sua esposa o que ouviu de Edgar naquela tarde, bem como explicar, pela primeira vez, os motivos que o levaram a ser tão contundente na cobrança da dívida com a família Martins. Luíza ouviu tudo sem o interromper e o abraçou comovida quando ele terminou.

Eles estavam na sala íntima de seu quarto, conversando sobre os seus sentimentos, porque ele não aguentava mais continuar sustentando a máscara de um forte homem negócios que não se importava com ninguém. Ele se importava sim, e descobriu isso da maneira mais dolorosa.

Luíza sabia que seu marido era um homem bom. Sabia que quando se mostrava insensível era somente uma máscara.

Onofre não desejava trazer consequências funestas à sua família por causa de uma negociação errada que pudesse ter feito.

Luíza, então, perguntou a ele o que fariam para resolver esse problema.

Onofre, imediatamente, disse que tentaria encontrar a família Martins. Ele sabia onde mãe e filhos foram vistos pela última vez. Para conseguir o seu intento, ele contrataria um detetive, se preciso fosse.

Luíza ficou alguns minutos pensativa. Ele, observando sua reação, perguntou:

— O que houve, Luíza? Deixei de pensar em alguma coisa? Não concorda comigo em tentar achar a família?

— Não, Onofre. Eu somente fiquei pensando por que você só sente isso com a família Martins? Não foram poucos os que você cobrou, mas é somente por eles que você se pune. E se acontecer de não encontrá-los, como você se sentirá?

— Eu não quetro pensar nisso, Luíza. Nós vamos encontrá-los. Eu não sei por que o caso deles me atinge tão profundamente. É verdade que eu prejudiquei muitos outros com as minhas cobranças impiedosas e sinto ao afirmar que, com estes, eu não tinha motivos e necessidades tão sérias como eu tive com os Martins, mas talvez seja porque eles eram nossos amigos.

Luíza nada falou. Ela sabia que seria difícil encontrá-los, mas também não queria ser pessimista, nem alimentar mais culpas no coração de seu marido. Resolveu, então, somente perguntar:

— Se você os encontrar, o que fará?

— Ainda não sei, mas tenho certeza que, na hora, saberei o que fazer.

Onofre acordou cedo. Apesar do desgaste emocional do dia anterior, teve uma noite tranquila. Acordou bem-disposto e com a certeza de que as coisas iriam mudar para melhor.

Chamou um dos seus empregados e pediu que se dirigisse a uma cidade não muito distante para levar um recado seu a Cleto, profissional muito competente em encontrar pessoas desaparecidas. Ele já o havia contratado anteriormente, quando um de seus devedores sumiu sem deixar rastros. Em poucas semanas, Cleto trouxe notícias e em menos de um mês, recebeu a dívida com os devidos juros.

No outro dia, à tardinha, o empregado retornou à fazenda acompanhado de Cleto que, tão logo soube quem o chamava, arrumou suas malas e partiu imediatamente.

Onofre ficou muito feliz em revê-lo. Diante da viagem cansativa, Onofre informou que conversariam somente no dia seguinte. Eles jantaram e depois foram todos descansar.

Já deitada, Luíza via Onofre andar de um lado para o outro no quarto:

— Onofre, se este assunto o aflige tanto, por que não conversou logo com ele?

— Não, Luíza. Eu preciso me controlar. Fico o tempo todo pensando naquela família passando privações. Que mulher é essa que sacrifica o seu conforto e o de sua filha, mas não desiste do filho sem juízo!? Sinto-me um crápula quando penso nisso.

— Ora, Onofre, não exagere. Você agora reconhece que não agiu corretamente e está tentando se retratar. Você poderia simplesmente deixar para lá, porque o problema não é seu. Além disso, você jamais agiu ilicitamente ao cobrar os seus créditos. Mas, se o seu coração suplica pelo auxílio a essa família, faça a sua parte. Eu tenho certeza que Deus fará o resto, se for essa a Sua vontade. Sabe Onofre, depois que Henrique morreu, eu tenho pensado muito nas decisões de Deus e começo a acreditar que nós estamos errados em pensar que tudo o que vivemos é devido ao acaso.

— O que você quer dizer, Luíza?

— Ora, meu querido, pense comigo. Será que tudo o que vivemos até hoje foi obra do acaso? Pense em todas as reviravoltas que tivemos em nossa vida. Como você, ao perder a sua mãe, me conheceu; como tivemos a oportunidade de comprar a nossa fazenda e de todas as oportunidades que você aproveitou para guardar recursos que lhe possibilitaram até emprestá-los a quem precisava; como tivemos dificuldade de ter o nosso filho para, em muito pouco tempo, o devolvermos ao Pai; como esse tempo de convivência com Henrique foi suficiente para ele, com a sua inocência e sabedoria, nos ensinar a valorizar a vida e a agir com mais amor junto ao próximo.

Ela parou alguns segundos para ordenar o raciocínio e depois continuou:

— Eu sempre ouvi dizer que todos nós vivemos essa vida sob os cuidados do Pai e segundo a Sua sabedoria. Eu queria acreditar nisso, porém, o que eu via era que Ele fazia de nossa vida o que queria. Sem critério algum, sabe? Se algumas pessoas maravilhosas sofriam adversidades tão injustas e outras pessoas, tão perversas, só tinham do bom e do melhor, pensava eu que Deus deixava a nossa vida seguir o curso do acaso e, quando abusávamos, Ele nos punia. Mas essa visão sempre contrastou com a visão do Pai Misericordioso que Jesus nos trouxe. Por ser cristã, quando isso acontecia, eu pensava que não poderia questionar Deus, que Ele era Sábio e sabia o que fazia, mas o meu coração não aceitava com tanta resignação. Tanto isso é verdade que quando o nosso Henrique morreu, eu questionei Deus sobre o Seu amor por mim. O que eu tinha feito de errado para ser punida daquela forma?

Luíza parou novamente, como se estivesse buscando no seu ser as respostas às perguntas que nunca teve coragem de fazer verbalmente.

— Somente quando ao dormir me vi com Henrique, comecei a pensar sobre a existência da vida após a morte e como ela deveria ser.

Onofre a interrompeu, sobressaltado:

— Você esteve com Henrique? Como aconteceu? Você nunca me contou sobre isso.

— Eu tive medo de sua reação. De achar que eu estava usando o nosso filho para convencer você sobre o que eu estava aprendendo.

Com um sorriso saudoso, Luíza continuou:

— Henrique estava lindo. Tão sábio. Eu me sentia plena de paz e de amor com ele. Ele conversou sobre muitas coisas comigo, nas oportunidades em que estivemos juntos. Ele me mostrou que a vida era algo muito além da que vivíamos e que muitos segredos poderiam ser revelados se abríssemos nossos corações para as verdades divinas e agíssemos conforme os ensinamentos de Jesus. Ele já me salvou de mim mesma em muitos momentos, trazendo-me o conforto de suas palavras e de sua presença.

Onofre escutava Luíza com lágrimas nos olhos. Como ele desejava ver o seu filho novamente. Com certeza, era ele mesmo que tinha conversado com Luíza, porque somente Henrique poderia levar à sua esposa essa paz e esse amor do qual ela falava. De repente, sentiu uma dor profunda e disse:

— Luíza, será que algum dia o verei também? Acho que sou tão pecador que jamais terei a oportunidade de vê-lo de novo e sentir essa paz que você descreve com tanta propriedade.

— Eu acredito de coração que você o verá porque ele mesmo disse que não é um anjo, mas tão somente um espírito que nos ama e que trilha o caminho de sua evolução como qualquer um de nós. Eu acho que o vi primeiro porque o meu coração estava mais tranquilo, mais em paz comigo mesma e com Deus. Eu acredito que você também conseguirá, porque hoje o seu coração quer voltar a ser feliz.

Onofre olhou para Luíza com carinho e prometeu para si mesmo que faria de tudo para ter o seu coração em paz, e talvez, agindo dessa forma, tivesse a chance de ver o seu filho novamente.

Quando se deitou, Onofre perguntou à esposa:

— Luíza, acho que não entendi ainda sobre a nossa vida não ser dirigida pelo acaso.

— Meu querido, porque se fosse dessa maneira, não haveria tanta sabedoria nas circunstâncias vividas em cada momento. Parece-me que tudo o que construímos no nosso presente tem uma repercussão no nosso futuro. Veja no seu caso: você decidiu cobrar dos seus devedores custasse o que custasse. Agora, está colhendo os efeitos de suas ações. Se tudo fosse obra do acaso, nossa vida seria uma bagunça, mas não é. Tudo o que plantamos, colhemos. Se é verdade que nós vivemos outras vidas como Henrique me falou, então, muitas das injustiças que acreditamos estar vivendo hoje pode ser a colheita daquilo que plantamos em nossas vidas passadas.

Onofre ficou pensativo. Como seria mais fácil aceitar Deus pensando desse jeito. De repente, ele teve um relâmpago de lucidez e pensou em tudo o que sofreu no passado. Se fosse verdade, todos os momentos de sofrimento que ele vivenciou se deram porque ele agiu equivocadamente em algum momento de sua vida.

— Então, Deus me puniu pelos meus atos de outras vidas — disse ele em voz alta.

— Desculpe, Onofre, o que você está dizendo?

— Ora, Luíza, todos os sofrimentos pelos quais passei em minha infância, foi porque eu fui mau em outra vida e Deus me puniu pelos meus atos.

— Bem, eu não sou conhecedora das leis divinas, meu amor, mas não acredito nisso.

Adamastor continuava intuindo os esclarecimentos do momento para Luíza.

— Eu realmente acredito que tudo o que passamos nos é trazido para o nosso crescimento e não para que sejamos punidos por nossas ações pretéritas. Pense comigo: como poderíamos punir o nosso Henrique, por exemplo, ao pegar uma arma guardada em sua escrivaninha, se jamais o advertimos sobre isso? Se ele não tinha como saber que aquele objeto poderia fazer mal a ele ou a outra pessoa? Poderíamos dar-lhe algum castigo? Não, mas poderíamos orientá-lo. Esse é a minha visão de Deus nos ensinando. Ele não poderia nos punir se, em nossa ignorância, agimos para aprender a fazer o que é certo. Se nós, como pais, temos tantas imperfeições e uma noção tênue de justiça, como Deus seria menor do que nós?

Onofre pensava nas palavras de sua esposa e isso lhe dava paz, porque ele realmente estava começando a entender que, se ela estivesse certa, tudo pelo que passou não era por ele ser mau, mas somente porque era ainda ignorante das leis que nos regem.

Luíza continuou:

— Eu fico pensando que, da mesma forma que temos momentos ruins, temos momentos bons. Nosso Henrique, por exemplo, foi o nosso momento de esplendor. Se Deus nos permite vivenciar momentos de dor é porque somente neles paramos para pensar sobre o que estamos fazendo. Veja você, meu querido. Será que se não tivéssemos perdido Henrique, você se aperceberia necessitado de mudanças?

— Mas, Luíza, quando Henrique estava conosco, eu estava melhor, não estava?

— Sim, meu querido, mas você mesmo tem que admitir que sua melhora foi superficial. Quando você perdeu o Henrique,

retornou aos maus costumes de antes, achando que nós poderíamos ficar pobres e você sofrer tudo novamente. Você ainda não confiava em Deus. E, talvez, ainda não confie plenamente.

Luíza parou de falar para ver a reação de Onofre frente às suas palavras. Vendo-o pensativo, continuou:

— Você teve de passar por momentos dolorosos para que parasse de olhar só para si mesmo e enxergasse o desespero alheio: o meu, o de nossos amigos, os de amigos do passado. Somente nesse momento você teve olhos para ver o resultado de suas ações e decidiu mudar, dando uma reviravolta em sua vida e, ainda bem, para melhor.

— Você tem razão. Eu era mesmo um cego. Em meu egocentrismo, eu só via a minha dor. Por mais de uma vez abandonei você na sua dor pensando que a minha fosse mais importante. Desculpe-me, Luíza.

— Não há o que desculpar, Onofre. Eu sou feliz por você estar ao meu lado e sempre serei. Eu o amo muito.

Ambos se abraçaram e ficaram ali, por alguns instantes, como para selar uma relação que, por muito pouco poderia ter acabado, não por falta de amor, mas por falta de diálogo.

Na manhã seguinte, quando o casal desceu já encontrou Cleto à mesa.

Após terem tomado um belo café da manhã, Onofre levou Cleto para o escritório para tratarem do assunto que o trouxe àquelas bandas.

— Cleto, preciso dos seus serviços para achar uma família que se encontra desamparada – disse Onofre indo direto ao ponto. – A última notícia que tive é que essa família estava morando numa cidadezinha não muito longe daqui, mas em virtude de problemas particulares, mãe e filhos tiveram de se mudar e ninguém nunca mais os viu.

Enquanto Onofre ia discorrendo sobre o que sabia, Cleto ia anotando os dados importantes para a sua investigação.

— Meu desejo é que você me avise imediatamente quando achá-los para que eu possa me encontrar com eles o quanto antes – finalizou Onofre.

— Pelo que me conta, senhor Onofre, temos poucas informações para nos basear. Haveria algum problema se a minha investigação começasse primeiro por essas redondezas? Antes de eu ir para a última cidade em que foram vistos, preciso conhecê-los e isso talvez eu consiga com os amigos que ficaram. Eu preciso saber das pessoas que os conheciam sobre os seus hábitos, sobre a existência de outros familiares, coisas desse tipo.

— Não vejo problema nenhum nisso. Gostaria, tão somente, que você não comentasse na comunidade que sou eu quem o contratou para achá-los.

— Claro, eu entendo perfeitamente. E, para que não haja qualquer desconfiança, agora mesmo eu vou arrumar os meus pertences e me dirigir para a cidade. Ficar aqui não seria uma boa estratégia.

— Muito bem pensado, Cleto. Eu confio plenamente em você. Quanto às despesas, fique tranquilo, aqui tem um adiantamento para as suas primeiras necessidades. Precisando de mais, é só me comunicar.

Cleto recolheu o dinheiro e saiu do escritório diretamente para o seu quarto.

Onofre ficou ali e, numa atitude inédita para o seu coração, rezou espontaneamente para que tudo desse certo.

Paulo e os seus capangas tudo viram e ouviram. Eles nada fizeram, porque Paulo tinha dado a desculpa que queria escutar os planos do inimigo para poder agir.

Quando Cleto levantou, Paulo teve uma ideia: enviaria dois capangas junto com ele e os mandaria ajudar a achar aquela família. Mas, qual a desculpa que daria para que eles não desconfiassem de suas verdadeiras intenções?

Neste momento, sua mãe e Henrique que ali estavam receberam a visita de Apolônio, instrutor espiritual de Paulo.

— Ah, meu querido amigo, é chegado o momento de fazermos a diferença na vida de seu tutelado. Ele quer mudar e, com a nossa ajuda, ele poderá ter sucesso – disse a mãe de Paulo, comovida com a transformação de seu filho.

— Você está certa, minha amiga. Vamos fazer isso.

Apolônio chegou próximo de Paulo e soprou-lhe uma intuição para que o seu plano pudesse dar certo.

— Quero Vesgo e Capenga junto com o detetive. Os outros três deverão trabalhar com os dois primeiros para descobrir onde essa família está. E me escutem bem, eu quero que vocês a encontrem e o leve até ela.

Todos olharam para ele assombrados.

Paulo, então, os mirou com um olhar horripilante e disse para justificar o seu desejo:

— Nós a usaremos para que ele vivencie nos seus últimos instantes uma culpa insana – e gargalhou maquiavelicamente. – Enquanto todos vocês estão fora, eu farei a minha parte aqui, tirando-lhe o pouco da paz que ainda lhe resta.

Todos riram junto com Paulo. Se eles vissem o que se passava no íntimo do seu chefe, ficariam irritadíssimos. Paulo já não vibrava naquela sintonia. Somente fez isso para convencê-los a ajudar.

Paulo prometeu que, se o grupo tivesse sucesso, todos eles seriam regiamente recompensados. No entanto, para dar certo, eles não podiam contar para ninguém da organização o que estavam fazendo, porque os "da Luz" poderiam descobrir. Também, enquanto não achassem a família, eles não deveriam voltar ali, para que ninguém perdesse tempo. Era só chamá-lo que ele iria até eles e daria as orientações devidas. E, ao final, os ameaçou:

— Eu não quero falhas!

Quando Cleto saiu da fazenda, já se encontrava acompanhado.

Paulo respirou fundo quando os viu sair dali. Estava tremendo! Nunca imaginou que se sentiria daquele jeito novamente. Ficou feliz por ter enganado a todos e, naquele meio tempo, em que ninguém ficaria ali com ele, não seria preciso fingir estar influenciando Onofre.

— Mas, o que farei depois? – pensou ele.

Ele não sabia. Em uma atitude impensada, Paulo elevou o seu pensamento a Deus e rezou. Neste momento, sem que ele visse, caiu sobre ele uma chuva de luz que lhe trouxe muita paz e a tremedeira

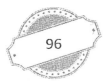

parou. Ele sabia que não poderia mais parar o que iniciou e que, quando tudo tivesse terminado, ele receberia da organização a sua penalidade: escuridão e dor. Uma lágrima rolou em seu rosto: "Mas é o que eu mereço", pensou consigo mesmo.

Sua mãe queria lhe falar que a Justiça de Deus era diferente, mas Apolônio alertou que ele cresceria muito mais não sabendo disso agora. Ela concordou, mas não sem antes acariciar o seu rosto e envolvê-lo com seu amor.

Sem vê-la, Paulo lembrou-se de sua mãe e, novamente, elevou a Deus o seu agradecimento por tê-la visto. Ele faria isso pelo amor sem limites de sua mãezinha. Ele devia isso a ela.

Algumas semanas se passaram e Onofre não recebeu nenhuma informação de Cleto sobre o paradeiro da família Martins.

A ansiedade o estava matando. Agora, todas as vezes que ele se sentia angustiado, quase desnorteado, era no escritório que ele se refugiava. Antes, ele chegava a se sentir mal quando estava lá, mas agora era o seu lugar favorito.

Ele tinha a sensação de estar até mais criativo em seus negócios. Conseguia resolver algumas pendências que antes pareciam não ter solução. Ele chegou a conversar sobre isso com sua esposa:

— Antes eu não queria nem chegar perto daquele escritório, com medo dos sentimentos e sensações que sentia somente quando estava lá. Mas, agora, eu percebo que o ambiente está mais tranquilo. Eu consigo até ter muitas ideias criativas para alguns problemas que carrego. Você pode pensar que eu estou doido, mas eu acho que alguém está me ajudando.

— Ora, Onofre. Pense bem: se antes você estava acompanhado por espíritos que queriam o seu mal, agora, você está se permitindo escutar os que lhe querem bem. É simples, não?

— É verdade. Então, vou agradecer muito a eles e tentar manter essa energia boa comigo, porque eles têm boas ideias... – e ambos riram da brincadeira de Onofre.

Como Paulo tinha, naquelas semanas, mudado a sua maneira de pensar, ele já conseguia entrar naquele lar e os escutou conversando na sala. Engraçado como aquilo fez bem a ele. Sem perceberem, ambos estavam agradecendo pela ajuda que ele estava dando a Onofre. Paulo sentiu um calor agradável preenchê-lo por inteiro. Ele se sentiu tão bem com aquilo que, instintivamente, agradeceu a Deus. E isso estava ficando normal na vida de Paulo.

Desde que Cleto saiu da fazenda, Paulo foi chamado pelos seus subordinados mais de uma dúzia de vezes e, na maioria delas, isso acontecia quando conseguiam alguma pista importante da família Martins. Paulo orientava sobre como deveriam proceder e voltava para a fazenda.

Da última vez, ele percebeu uma situação interessante com Vesgo e Capenga. Ele não sabia bem o que estava acontecendo, mas eles já não eram mais os mesmos. Só não sabia o que tinha mudado!

Apolônio e a mãe de Paulo sorriram um para o outro. Eles sabiam que aqueles dois espíritos começaram a perceber o que era ajudar alguém. Começaram a escutar dos amigos e familiares quem eram aquelas pessoas que estavam sendo procuradas por Cleto e passaram a se envergonhar por terem sido instrumentos de queda para eles. Afinal, ambos trabalharam com afinco a ideia em Onofre de que não poderia perdoar a dívida de ninguém e que deveria prender o devedor, fosse quem fosse, para atingir o seu intento.

Apesar do senhor Percival Martins ser uma pessoa rigorosa e fechada, era um bom marido e um bom pai. Sempre apoiava sua esposa e filhos nos trabalhos voluntários que abraçavam; eles ajudavam quem precisasse deles. Foram muitos os auxiliados por aquela família. E foram muitos também os casos contados sobre como a esposa e seus filhos se deslocavam de onde estivessem para ajudar pessoas com menos recursos.

Sob a influência dos mensageiros de Jesus, os dois comparsas de Paulo começaram a questionar as suas próprias atitudes e somente não abandonaram Cleto naquela empreitada por medo do que poderia acontecer caso fugissem.

Mais duas semanas se passaram e Cleto retornou à fazenda de Onofre. Tinha achado a família, mas não tinha boas notícias. O filho mais velho tinha sido baleado e talvez não pudesse nunca mais andar.

Onofre sentou-se, cabisbaixo, na cadeira à sua frente e ficou pensativo. Somente após alguns segundos, que pareceram uma eternidade para Cleto, ele perguntou:

— Como isso aconteceu?

— Ele trabalhava em uma mercearia quando esta foi assaltada. Ele estava atendendo sozinho, pois o dono havia saído mais cedo naquele dia. Quando os ladrões anunciaram o assalto, ele e um cliente ficaram quietos e fizeram tudo que os assaltantes pediram. No entanto, quando os bandidos estavam saindo, resolveram "apagar" o rapaz. Do nada eles viraram e apontaram a arma para ele que, percebendo que atirariam, tentou correr, mas eles o acertaram e saíram rindo da mercearia. Foi esse o relato do cliente ao descrever para a polícia a atitude dos bandidos.

Paulo, que a tudo ouvia, quase chorou. Ele sentia como se estivessem descrevendo o seu desencarne. Claro que os fatos foram diferentes, mas a indiferença pela vida humana pareceu a mesma.

Ele conseguiu se segurar com dificuldade, porque todos os seus comparsas estavam ali com ele. Tinham cumprido a tarefa com sucesso e estavam tagarelando e xingando entre si, esperando que o seu líder ordenasse mais flagelação a Onofre ou os recompensasse como havia prometido. Claro que ninguém cobraria dele, mas todos estavam ansiosos pelo prêmio prometido.

Paulo, não querendo que eles percebessem que Onofre não tinha piorado com a sua influência e como ele desejava se ver livre do grupo, liberou-os para se divertirem como desejassem. Teriam uma semana de folga. Ficou de olho em Capenga e Vesgo e viu que eles não tiveram a mesma reação dos demais. Sua desconfiança se confirmava. Então, mandou que somente os dois ficassem. Sendo o chefe, não precisava justificar os seus desejos.

Viu em seus olhos o medo estampado. "O que teria acontecido com eles?", pensou. Como se já não soubesse! Ele mesmo estava cansado daquilo tudo e louco para não precisar mais fingir suas emoções.

Enquanto Cleto continuava a passar as informações conseguidas a Onofre, os três comparsas de Paulo foram embora rindo dos que ficaram.

Paulo mandou os dois saírem porque queria conversar com eles lá fora. Enquanto saíam, Paulo pedia a Jesus que o ajudasse naquele momento. Se ele estivesse errado na análise que fizera dos dois espíritos, estaria perdido.

— Eu quero saber o que está acontecendo! – urrou para ambos.

Ele sabia que se sua impressão estivesse errada, a reação deles seria violenta, olhos nos olhos, mas com subordinação. Se estivesse certo, eles não conseguiriam fingir por muito tempo.

Ambos tentaram engambelar Paulo, mas ele não era tolo e já estava acostumado a flagrar espíritos que desistiam de trabalhar nas sombras. Muitos foram denunciados por ele para o chefe. Então, com certa pressão, ele conseguiu descobrir que ambos já não prestavam mais para aquele trabalho de influenciação. Mesmo que quisessem, nem ele nem os outros conseguiriam mais.

A reação normal da organização em que estavam incluídos seria prendê-los e torturá-los física e psicologicamente para que pudessem servir de exemplo para os demais, no entanto, Paulo não iria denunciá-los. Muito pelo contrário, os desejava como aliados para ajudarem aquelas duas famílias. Ele estava se arriscando contando os seus planos para os dois, mas tinha certeza que eles o ajudariam. Talvez fosse sua mãezinha o auxiliando de longe, pensou consigo.

— Tenho que lhes dizer uma coisa que os surpreenderá, mas eu preciso da ajuda de vocês — falou com tranquilidade.

Ambos se olharam sem nada entender. Paulo jamais pediria ajuda, ele ordenaria com um urro assustador.

— Como vocês, eu também estou cansado desta vida. Não quero mais continuar prejudicando ninguém; não quero mais perder o meu tempo, levando sofrimento a um monte de pessoas para que os planos do chefe deem certo. Planos esses que a gente nem sabe quais são. Então, eu resolvi ajudar a essas duas famílias para que elas possam viver em paz. Não sei qual será o meu fim, mas sei que eu não quero continuar com isso; e não adiantará fugir, pois eles nos encontrarão. Então, antes de ser descoberto, quero fazer alguma coisa boa para ter em minha memória a felicidade de alguém que eu ajudei para me acalentar na fria prisão.

A mãe de Paulo chorava de emoção. Ele realmente tinha mudado. Estava arriscando a sua liberdade, mas não desejava mais continuar naquele caminho.

Paulo deu aos dois a oportunidade de ficar e ajudar, ou fugir e tentar viver longe daquele sofrimento. Se escolhessem fugir, eles teriam uma semana de vantagem sobre a organização. Os dois espíritos o escutaram e aceitaram a primeira opção.

— Agora, me digam tudo o que sabem sobre a família. Vocês a viram, não é?

— Sim. Como você sabe, nós sempre estávamos alguns passos à frente do Cleto. Fomos nós que o influenciamos para que adentrasse nos lugares certos e fizesse as perguntas certas. Então, com certeza, sabemos de mais coisas que ele sobre a família procurada.

Capenga parou alguns minutos, como que pensando se deveria falar, e continuou:

— Chefe, o senhor sabe que procurar pessoas para nós é moleza. Mas, dessa vez, parecia que algumas informações que chegavam a nós "caíam em nosso colo". Parecia que estávamos sendo levados àquela família...

E gaguejou como se tivesse medo de falar sobre a sua desconfiança.

— Fala, Capenga. O que você acha que aconteceu? Qual é a sua desconfiança? Vocês acham que os "da Luz" estavam ajudando? — perguntou Paulo.

Capenga ficou calado olhando fixamente para seu chefe.

Paulo pensou um pouco e, naquele momento, lembrou-se do que sua mãe tinha lhe prometido: "Se era aquele o seu desejo, que ele acreditasse que não ficaria só. Ele teria ajuda dos amigos espirituais e que, se ele confiasse, logo receberia orientação e auxílio para o alívio de seu coração".

"Como pude perceber somente agora a promessa da minha mãe? Ela pode não se tornar visível para mim, mas está comigo para me ajudar. Quantas vezes me senti temeroso quanto ao meu futuro e me lembrava dela me dando o conforto que eu necessitava. Se eu me mantiver no caminho correto, ela aparecerá para mim de novo antes de eu ser preso. Tenho certeza disso", pensou, feliz.

— Bem, eu acredito que sim. E se é a nossa vontade ajudar alguém, que possamos fazer isso rápido – falou Paulo, como que ordenando.

E começou a passar as orientações de como agiriam para ajudar aquela família até que Onofre chegasse a ela.

Os dois capangas de Paulo explicaram que encontraram aquela família vivendo miseravelmente. Mas os dois não conseguiram entrar na casa. Tudo o que ficaram sabendo foi o que ouviram das pessoas que saíam da casa ou de comentários dos vizinhos.

Pelo que entenderam, apesar da pobreza extrema em que eles viviam, eram amados pelos vizinhos. Quando o rapaz sofreu o atentado, a comunidade ficou muito penalizada pela dor daquela família tão querida.

Agora, eles não tinham ninguém para ampará-los financeiramente.

Paulo pensou em seus pais quando ele fugiu com o dinheiro. Pensou na sua mãezinha, em como ela deve ter sofrido. Agora, talvez ele pudesse fazer alguma coisa para evitar que alguém tivesse um fim tão trágico como o de seus pais. Se Onofre os achasse, eles poderiam viver melhor.

Levaram Paulo com eles e chegando lá, eles apontaram para a casa em que a família Martins morava. Os três ficaram assombrados com o que viram: uma luz intensa vindo daquele lar. Muitos espíritos estavam ali querendo entrar, mas parecia não ter mais espaço. Quando eles foram vistos pelo "porteiro" (pelo menos, era o que ele parecia ser), foram colocados para dentro, o que os espantou mais ainda.

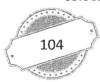

Dona Josefina e seus filhos estavam rezando no quarto de Adolfo. Numa mesinha, estava a Bíblia que foi aberta, após a prece, para a leitura do Novo Testamento. Elas leram a parte da parábola do Filho Pródigo. Na parábola, o filho desejoso de viver as facilidades da vida, pediu para o seu pai a sua parte na herança e saiu pelo mundo. Quando sua riqueza acabou, ele foi abandonado pelos amigos e viveu em profunda pobreza. Até que se lembrou que, na fazenda de seu pai, até os empregados viviam melhor do que ele naquela situação. Então, com humildade, retornou ao lar para pedir trabalho. Chegando lá, foi reconhecido e acolhido com festa pelo seu pai, como o filho que estava perdido e foi reencontrado.

Após a leitura, começaram a conversar sobre como poderiam entender o ensinamento do Cristo para as suas vidas. Buscavam, naquelas letras mortas, o espírito que vivifica, porque, dizia Dona Josefina: "Se não conseguirmos colocar em prática o ensinamento cristão, essas letras ainda estarão mortas para nós". E, então, começou a explicação:

— Meus filhos, mais uma vez, vemos nos ensinamentos de Jesus que todos temos o direito de fazer escolhas, mas devemos nos conscientizar que viveremos seus efeitos. Podemos fazer aquilo que nos convém, mas teremos de arcar com as consequências do que fizermos.

Parou alguns segundos para pensar no que ia dizer e continuou:

— Tivemos vários dissabores em nossa vida, e deles podemos tirar bons aprendizados: quando vivíamos na riqueza, soubemos dela aproveitar. É certo que fizemos algo de bom para os outros, mas acredito não ter sido o suficiente para manter essa riqueza em nossas mãos. Tivemos de perdê-la para darmos a ela o seu exato valor. Depois, nosso amado Percival, que tanta dificuldade teve em viver na pobreza, foi-se mais cedo, nos deixando uma profunda saudade. Mas ainda precisávamos entender o que era mais importante para nós e, quando fomos viver sob o teto de sua amada tia, novamente nos vimos em prova: abrir mão da riqueza e do conforto ou do nosso amor e da confiança em meu filho. Fizemos o certo em nos distanciarmos para poder enxergar quem éramos naquele momento. Chegamos a essa comunidade que nos recebeu como jamais fomos recebidos em outro lugar, tendo riqueza ou não. Deram-nos trabalho e agora, quando perdemos um dos nossos meios de sobrevivência, nossos vizinhos nos acolhem com o necessário para o nosso sustento.

Dona Josefina parou para enxugar uma lágrima sentida que caía sobre o seu rosto e continuou a sua interpretação:

— Jesus, meus filhos, nessa parábola, nos descreve que éramos filhos pródigos e que, depois de muitas experiências, voltamos humildes ao Pai para solicitar trabalho para o nosso sustento diário. E, como filhos que buscam compreender a sabedoria divina, retornamos a Deus e somos convidados para com Ele vivermos com esforço e humildade.

Os três espíritos que tinham ido àquele lar para ajudar, se sentiram como se estivessem sendo ajudados. Como era boa a paz que sentiam naquele ambiente. Como aquela família podia resplandecer em luz, levando para todos eles a consciência de seus erros, mas com a leveza do amor de uma mãe que ensina e ampara? Até o rapaz, em sua cama, brilhava com a fé que dele resplandecia. Tinha lágrimas nos olhos decorrentes da visão de um futuro incerto, mas não por desespero ou desesperança.

Muitos espíritos, que ali entraram, sentaram e choraram. Paulo e os seus comparsas não fizeram diferente. Elevaram o pensamento e acompanharam a oração que eles proferiram ao final da reflexão. Eles não podiam ver ainda os espíritos que amparavam aquele lar, enviando a todos as energias vindas do Mais Alto, mas sentiram que não estavam sós ali, nem quando todos se afastaram e o "porteiro" os deixou ficar.

Mãe e filhos foram descansar. Já era tarde. Paulo, Capenga e Vesgo, entretanto, ficaram ali. Sentiam como se tudo o que planejaram tivesse sido em vão, porque aquela família não estava desprotegida. Ela tinha Jesus. A sua força e fé eram fenomenais. Então, o que deveriam fazer?

Nesse momento, um espírito luminoso apareceu. Os três ficaram muito encabulados com a sua presença, mas este foi logo dizendo:

— Sejam bem-vindos, meus amigos. Meu nome é Estevão. Sou o protetor deste lar. Que bom que retornaram.

Paulo e os outros dois ficaram sem saber o que dizer:

— Mas, nunca estivemos aqui.

— Claro que já. Quantas vezes vocês estiveram pelos arredores, procurando esta família? Quantas vezes vocês não ficaram ali fora, esperando que alguém saísse e dissesse algo sobre ela, para poder ajudá-la?

— Bem, — gaguejou Capenga — quando estivemos aqui, nós não estávamos querendo ajudá-la.

— Vocês não estavam buscando informações para trazerem o detetive aqui?

— Sim.

— E esse detetive não irá trazer Onofre para ajudar a essa família que tanto necessita?

— Sim.

— Então, meus amigos, vocês estavam querendo ajudá-los, sim.

Paulo sabia de suas intenções, mas os outros dois estavam somente seguindo ordens que, segundo entendiam, levariam sofrimento para Onofre. No fundo, nenhum dos capangas de Paulo tinha pensado que, fazendo isso, estariam ajudando a família, de alguma forma.

Eles sorriram entre si.

— Mas, o que os traz aqui? – perguntou Estevão.

Foi Paulo quem respondeu:

— Nós tínhamos feito um plano para ajudar essa família enquanto Onofre não chegasse, mas nos deparamos com um cenário bem diferente do que imaginávamos. Ela não precisa de nossa ajuda.

— Ao contrário, meu amigo. Ela precisa e muito. Apesar de todos estarem fortalecidos pela fé, não é fácil viver a existência material com privações de todo tipo. Estamos muito preocupados

107

com uma situação que está sendo criada por um vizinho próximo que, dizendo-se apaixonado pela moça Karina, está fazendo planos audaciosos que contrariam o coração daquela que ele julga amar. Ela é muito atenciosa, mas não o ama. Cego pelos seus sentimentos, não aceita quando ela o recusa e já está pensando em sequestrá-la ou coisa pior. Até o momento, ele não tomou nenhuma atitude, mas, se nada for feito para mudar a trama que hoje existe, poderá acontecer algo muito desagradável.

— E nós podemos ajudar?

— Meus amigos, eu acredito que somente vocês poderão agir para que essa situação não chegue a um final desagradável e leve infelicidade a muitos.

— Mas como? – perguntou Paulo, ainda envergonhado de se identificar como um espírito das sombras. – Nós não sabemos como agir. Sabemos influenciar as pessoas, mas nunca o fizemos com essa intenção de auxílio.

Os outros dois balançaram a cabeça concordando.

Estevão, com um sorriso compreensivo, lhes disse:

— Meus amigos, façam o que sabem fazer, com uma única diferença: pensem que aquele que estão influenciando é um irmão que agora está perdido, mas, no seu tempo, retornará ao Pai que o reconhecerá e o receberá com festas. Quanto a vocês, terão servido de instrumento de auxílio a esse Pai que aguardava o filho perdido.

Eles, então, perguntaram onde ficava a casa do rapaz e para lá se dirigiram para conhecê-lo melhor.

Paulo e seus companheiros chegaram à casa do vizinho.

Eles o encontraram acordado, bebendo. A casa estava repleta de espíritos. Quando estes os viram, começaram a xingá-los, dizendo que lá já tinha muita gente e que aquele homem não dava conta de tantos.

Paulo, imediatamente, viu aliviado que ali não existia um líder e sim muitos espíritos que precisavam alimentar o seu vício pela bebida. Somente um espírito feminino parecia que não estava ali para beber. Para entender o que acontecia, Paulo pediu aos seus dois capangas para se misturarem entre eles a fim de descobrir a intenção de todos, inclusive daquela mulher. Enquanto isso, Paulo ficou num canto, observando.

Após algum tempo, retornaram com a seguinte informação:

— Chefe, a turma quer mesmo é beber – disse Vesgo – e como o rapaz passou a beber todas as noites, eles vêm aqui para saciar o vício.

— Já aquela mulher não nos disse nada. Ela se encontra em transe, parecendo alheia ao que acontece ao seu redor – afirmou Capenga.

109

Paulo tinha certeza que poderia simplesmente retirar os bêbados dali com um urro. Mas, como faria para retirar a mulher alienada? Poderia tirá-la a força também, mas algo lhe dizia que isso não seria o certo. Então, o que fazer? Se fosse aplicar os seus métodos seria tão mais fácil. Mas agora ele queria ser diferente, então, determinou:

— Estevão disse que aplicássemos os nossos métodos, porém, com a diferença de pensar neles como nossos irmãos... Então, com os bêbados não precisamos nos preocupar. Eles vão embora logo. Quanto à mulher, vamos descobrir quem é ela. Precisamos saber se ela tem família encarnada. Quais os sentimentos que eles têm por ela? Precisamos de informações para poder lidar com esse caso. Capenga, essa será a sua função.

— Tá bem, chefe.

— Vesgo, você vai descobrir para mim onde está a família desse garoto. Quero saber se ele é sozinho, se ele gosta de alguém mais, como ele viveu até agora...

— Tudo bem, chefe.

— Eu vou ficar por aqui e ver o que vai dar. Daqui a pouco, esses bêbados irão embora, porque o rapaz não aguentará por muito mais tempo.

Cada um foi para um lado diferente. Paulo ficou ali, observando, já imaginando o que iria acontecer.

Em pouco tempo, o rapaz já não aguentava mais o peso da garrafa, deixando-a cair no chão. A imagem agora era de surpreender a qualquer um, mesmo a Paulo, experiente nessa área. Os espíritos se debruçavam sobre o rapaz semi-inconsciente e sugavam, um empurrando o outro, num tipo de briga por espaço, o pouco do elixir alcoólico que ainda podiam conseguir, indo depois embora um a um, como se não tivessem mais interesse pela carniça que ficou.

Agora, no silêncio, a mulher que antes estava apática, saiu do seu torpor, e se aproximou do rapaz, enroscando-se nele. Ela começou a excitá-lo com as suas atitudes.

O rapaz identificou-a vibratoriamente, pois passou a chamá-la pelo nome: Vanda. Ele sentia o despertar de suas emoções sexuais. Ela

demonstrava a sua felicidade, porque via que ele ainda correspondia às suas investidas. Mas, de repente, como se lembrasse por que ela estava ali, afastou-se um pouco dele e, pouco a pouco, foi se plasmando numa figura parecida com Karina.

Paulo somente observava o que ela estava fazendo, percebendo que era ela quem alimentava naquele rapaz a obsessão por Karina. O rapaz se contorcia lascivamente com um misto de alegria e dor. Só que agora, ele só pensava em Karina. Ela dizia que somente Karina poderia dar a ele a sensação de completa saciedade sexual, nenhuma outra. Ele repetia isso, enquanto "sonhava" com a sua amada.

Ela, então, o liberou. Ele, se desprendendo do corpo físico, como um autômato, se direcionou à casa de Karina para tentar continuar a sentir os prazeres que, segundo ele, somente ela poderia lhe dar.

Vanda continuou ali. Do sorriso maquiavélico que tinha nos lábios passou a chorar compulsivamente, indo para o seu canto, como se não tivesse para onde ir. Estava tão fixada em seu processo de vingança que nem percebeu a presença de Paulo.

Paulo, então, compadecido com o seu estado, chegou próximo dela. Queria ajudá-la, mas como ele conseguiria falar com ela sem agravar o seu estado? Paulo imaginou que, se nos processos obsessivos eles conseguiam fazer os espíritos fazerem o que eles queriam emanando energias desequilibrantes, então, se ele rezasse e emanasse uma energia de conforto, talvez ela pudesse ficar bem ao ponto de falar com ele.

Então, ele rezou para que ela o percebesse e aceitasse a sua ajuda. Depois de algum tempo, ela o viu. Amedrontada, perguntou o que ele queria. Paulo perguntou a ela por que sentia tanta raiva daquele rapaz.

— Eu quero vingança! — disse ela. — Há alguns anos, quando eu ainda era uma menina, ele me iludiu com promessas de amor eterno, e me fez fugir da casa dos meus pais. Depois de pouco tempo, ele se cansou de mim e me abandonou. Como eu não tinha como voltar para casa, tive de me prostituir para sobreviver e acabei contraindo uma doença grave que me levou ao desencarne depois de muito sofrer e de sentir dores terríveis.

Como se estivesse se perdendo novamente em seus devaneios, ela continuou como uma alucinada:

— Ele merece sofrer. Ele merece ser rejeitado, como me rejeitou.

Ele sentiu muita pena daquela mulher, mas ainda não poderia fazer nada por ela. Ele ainda não a conhecia.

Onofre recebeu as informações de Cleto com muita esperança. Apesar de o filho da família Martins não poder andar, ainda não era o fim do mundo, porque ele estava vivo.

— Cleto, infelizmente, eu não poderei viajar imediatamente para vê-los, porque estou no meio de negociações importantes quanto à venda de minhas safras, mas tão logo me libere, nós resolveremos essa contenda. Peço que você volte para a cidade e, sabendo de algo importante, me comunique o quanto antes. Também quero que você vá até aquela família e diga que um amigo antigo enviou-lhes um presente. Por favor, entregue esse dinheiro para a senhora Josefina.

— Se ela não quiser aceitar?

— Diga que seria uma ofensa pessoal. Diga que este amigo irá vê-los tão logo seja possível, por isso ela deve aceitar o presente. Se ainda assim ela não o quiser, diga para ela devolvê-lo pessoalmente. Tenho certeza que você será bem convincente.

— Farei o meu melhor – disse Cleto, sorrindo.

Ambos escutaram uma batida na porta. Era Luíza informando a Onofre que alguns senhores o aguardavam para uma reunião já marcada. Ele pede alguns minutos e se despede de Cleto, pagando

113

o que ainda faltava de seus honorários e dando-lhe uma gorda gratificação pelo trabalho bem-feito.

Cleto sai do escritório pela porta da varanda e Onofre chama os outros senhores para o início da reunião.

*****

Dona Josefina estava na cozinha, um pouco pensativa e Karina, ao entrar, percebe o estado de sua mãe e pergunta:

— Mãe, o que houve? O que a preocupa?

— Eu estou realmente preocupada, minha filha, com o futuro de seu irmão.

— Logo a senhora que jamais perdeu a fé, me fala em preocupação? Nem quando saímos da casa da titia, a senhora titubeou. Tinha certeza de que não seríamos abandonados. Dizia que teríamos de nos esforçar e trabalhar duro, mas conseguiríamos sobreviver.

— Eu sei, minha filha, mas antes o nosso Adolfo não estava doente. Ele tem tantas necessidades agora. Os nossos rendimentos não são suficientes para nos alimentar e ainda suprir as suas necessidades.

— Mamãe, eu sei de tudo isso, mas foi a senhora que me ensinou a acreditar nos desígnios de Deus. Até Adolfo está tranquilo. Ele aceitou sua nova condição com fé e resignação.

— Você tem razão, minha filha. Se nós temos de passar por provações e dores para compreendermos as lições que necessitamos, o faremos fortalecidos na fé. Enquanto isso, trabalharemos mais um pouco para conseguirmos os recursos para auxiliar o nosso Adolfo. Não podemos continuar aceitando o auxílio dos nossos vizinhos que também têm tão pouco. Não podemos ser um estorvo para ninguém.

Karina abraçou a mãe e saiu para buscar a roupa que ambas lavariam para ganhar o sustento da família.

Quando chegou lá fora, foi abordada por Carlos, que a esperava. Ela, sempre muito educada, respondeu às suas perguntas, mas quando ele se insinuou com mais intimidade, ela o repreendeu, dizendo que eles eram bons amigos e só.

Ele saiu muito revoltado para o trabalho. Ficou o dia inteiro pensando nela e remoendo a dor da rejeição. Quando chegou em casa, à noite, repetiu-se a cena da noite anterior: a bebedeira, a vampirização, a influenciação de Vanda sobre ele, sua saída do corpo para estar com Karina, sua volta totalmente frustrado por não encontrá-la e o seu retorno ao corpo que, com certeza, não repousou como deveria para dar-lhe bom ânimo para enfrentar outro dia de trabalho.

Paulo, que a tudo assistia, ansiava pelo retorno dos dois comparsas para passar-lhes o que fazer, até porque Carlos já não aguentava mais aquela situação e já estava se preparando para tomar medidas que, com certeza, o fariam se arrepender no futuro.

Para a alegria de Paulo, Capenga retornou com notícias. Ele já tinha descoberto muito sobre a vida de Vanda e, com aquelas informações, pensava que poderiam impedi-la de continuar aquela influenciação.

Ao conhecer esse modo de pensar de Capenga, Paulo pondera:

— Que coisa boa! Você até já descobriu tudo o que precisamos para ajudá-la a abrir mão dessa influenciação.

Ambos riram gostosamente daquela nova visão sobre a vida.

— E quanto ao Vesgo, alguma notícia? – perguntou Capenga.

— Ainda não, mas acredito que logo, logo ele chegará. Então, o que você tem para me dizer?

— Bem, chefe, a história dela não é muito diferente da de muitas outras meninas que desejam sair de casa e se aproveitam de um jovem para isso. Como ela era filha de família abastada e Carlos era um pobre coitado, ela o convenceu de que eles precisavam fugir da cidade para ficarem juntos. Dizia que seu pai iria persegui-los ou até matá-los, se continuassem ali. Então, fugiram. Entretanto, o tempo que ficaram juntos não foi fácil para eles. Ela, acostumada com a vida de luxo e conforto, não parava de reclamar da pobreza. Ele se esforçava muito para dar a ela o máximo que o seu salário permitia, porém, ela nunca ficava satisfeita. Em uma noite, ele fez algumas horas extras para conseguir mais dinheiro, mas ela começou a acusá-lo de ter outra mulher. A vida deles já não estava boa e, após esse inconveniente, ficou muito pior.

Capenga fez uma pausa, como se quisesse pensar em como deveria falar o que havia descoberto:

— Chefe, pelo que eu entendi, ele tentou de todas as formas possíveis manter o relacionamento, porém não aguentou. Ela o acusava de todo tipo de traição e perversão com outras mulheres. Dizia que ela era muito infeliz e que se soubesse que a vida deles seria daquele jeito não teria saído de casa. Em muitos momentos, dizia até que iria voltar para casa, pois seus pais, com certeza, a receberiam de volta. E foi numa noite após uma enorme discussão que Carlos resolveu ir embora. De manhã, ele deixou um bilhete pedindo desculpas e dizendo para ela voltar para a casa de seus pais porque ele jamais conseguiria dar a ela o que ela merecia. Deixou todo o dinheiro que tinha para que ela pudesse comprar a passagem e pagar as suas despesas mais urgentes e simplesmente nunca mais voltou.

— Então, ele a abandonou mesmo.

— Sim, mas, na verdade, pelo que soube, ela o convenceu de que a qualquer momento poderia voltar para a casa dos pais e que seria bem recebida. O problema é que ela mentia quando dizia isso. O pai dela era muito rigoroso e jamais aceitaria de volta a filha que o desonrou saindo de casa contra a sua vontade. Por isso, não teve coragem de voltar e pedir abrigo a eles.

— Entendo. Então, ela também deu motivos para a separação. Agora, precisamos esperar Vesgo com as informações sobre o Carlos para que possamos ajudá-los.

Não deu uma hora e Vesgo chegou. Paulo e Capenga o recepcionam com alegria. Agora sim, poderiam fazer alguma coisa além de observar.

Vesgo, no entanto, não parecia muito satisfeito.

— O que houve, Vesgo? Parece que você não gostou do que descobriu. Conte-nos! – disse Capenga para o companheiro.

— Chefe, você me pediu para eu saber um pouco da vida desse rapaz, de seus familiares e de seus amores. Fui atrás disso e descobri coisas interessantes: ele é um rapaz muito querido pela família. Ninguém sabe de seu paradeiro, desde que ele fugiu com Vanda. Como ele não poderia incluir os seus familiares na sua atitude irresponsável, não quis dizer onde estava, sendo obrigado a não ter mais contato com os que o amavam. A família sente muita falta dele e, com certeza, o receberia de volta. Lá, antes de conhecer Vanda, ele estava enamorado por uma vizinha que ainda gosta muito dele. Disseram-me que ele só a abandonou porque Vanda fez um trabalho de amarração para tê-lo aos seus pés. Ela queria muito a liberdade porque o pai dela era muito exigente e dominador. Ela, então, viu nele a oportunidade que precisava para sair dali, porque ficou sabendo que ele tinha conseguido um emprego em outra cidade.

Vesgo respirou fundo e continuou:

— Pelo que me contaram, ela queria tanto sair dali que não mediu esforços nem pensou muito nas consequências ao enfeitiçar o rapaz com as suas investidas e com um trabalho de amarração forte que, é claro, só pegou porque Carlos não era previdente moralmente.

— Muito bem, Vesgo, mas eu sinto que você ainda não nos disse tudo o que descobriu.

— Bem, chefe... é verdade... – ele olhou diretamente para os olhos de Paulo. – Eu sei pouco de sua vida, ou melhor, de sua morte, mas o que eu sei é que você foi morto por uns amigos seus...

— Fale logo, Vesgo. O que isso tem a ver com o caso de Carlos?

— Chefe, o Carlos é neto do Almeida.

Paulo ficou lívido. Muitos pensamentos o invadiram como a água de uma represa que acabou de arrebentar uma de suas comportas. Como a vida era terrível. Quando ele pensou em mudar de vida e se libertar daqueles sentimentos de vingança, ele se depara com o neto de um dos seus assassinos. Isso era muito irônico. Uma raiva intensa apossou-se dele.

— O que faremos agora, chefe?

— Capenga, Vesgo, eu preciso sair daqui. Preciso pensar. Volto em algumas horas. Enquanto isso, fiquem de guarda e observem tudo o que esse safado fizer enquanto eu estiver fora.

Paulo saiu apressadamente dali. Não queria que os seus comparsas o vissem chorando. Toda a sua antiga revolta o sufocava.

Paulo saiu sem rumo. Não sabia para onde ir. Sentia como se estivesse morrendo novamente. Sentiu mais uma vez toda a angústia vivenciada quando fora traído por seus amigos; toda a revolta de quando se viu morto e passou a desejar do fundo de sua alma a vingança contra aqueles que abusaram de sua honra para ficarem bem. Isso tudo o sufocava de ódio.

De repente, uma lembrança pessoal se apoderou dele, fazendo-o sentir vergonha:

"Honra, que honra?", pensou ele, "Eu poderia ser inocente no caso do armazém, mas não quanto ao furto do dinheiro de meus pais. Dinheiro este que serviria para o pagamento da dívida que eles tinham feito com um agiota. Por que, meu Deus, eles tiveram que contrair aquela dívida, por quê?"

"Como posso me revoltar contra aquele rapaz, se nem foi ele quem agiu contra mim? Se o culpado foi o seu avô, ele não pode arcar pelas suas más ações. Pelo que Vesgo e Capenga me disseram, ele foi covarde quando abandonou Vanda, mas tentou acertar. Ele também não foi o único culpado, pois ela também furtou dele o futuro que poderia ter com alguém que efetivamente o amava. Agora, ele está novamente sendo alvo dela, de suas artimanhas, de sua vingança."

Respirando profundamente, Paulo elevou o seu pensamento a Deus:

— Deus, sei que sou um pecador e não tenho direito de pedir nada, mas neste momento necessito que o Seu amor me conforte e me fortaleça, para que eu não volte a ser o monstro que já fui e consiga ajudar a família Martins. Para isso, preciso ajudar o Carlos e a Vanda. É o que a minha intuição me diz e, se eu estiver errado, meu Deus, me ajude a enxergar o que tenho de fazer. Tenho muito pouco tempo para dar auxílio a estes espíritos. Ajude-me!

Paulo sorvia lágrimas sentidas nesse pedido filial quando de repente se viu na casa da família Martins. Quando percebeu onde se encontrava, lembrou-se de Estevão, que apareceu quase que imediatamente, como se tivesse sido chamado:

— Paulo, meu grande amigo, o que deseja de mim?

— Eu sinto muito, Estevão, não queria importuná-lo. Eu estava tão absorto em meus pensamentos que não percebi que vim para cá. Aqui estando, pensei em você e você me apareceu.

Estevão, com um sorriso muito bonito nos lábios, falou:

— Sim, meu amigo. Quando precisamos de ajuda, sempre haverá aqueles que atenderão imediatamente ao nosso chamado – disse ele, esclarecendo. – Mas, se não precisa de mim...

"Será que é esse o sinal que eu pedi a Deus?", pensou Paulo. "Ele me trouxe até aqui para que eu tivesse auxílio?"

— Estevão, posso lhe falar? Você nos pediu para tentarmos resolver o problema do Carlos. Lá, descobrimos que existe outro espírito envolvido no caso que não podemos desconsiderar. No entanto, ambos são vítimas de suas próprias ações. O que podemos fazer para ajudá-los? Eu realmente estou perdido. Eu sou bom em usar alguém contra ele próprio, mas eu não sei como ajudar alguém para alcançar o seu próprio bem.

— Paulo, você se engana se acha que não sabe como agir. Pense no ensinamento de Jesus quando este nos disse que devíamos agir com o outro como gostaríamos que agissem conosco. Essa é a sua ferramenta de amor para com o próximo, esse é o seu parâmetro para ajudar alguém. Depois, vamos adquirindo experiência e discernimento para agirmos com a verdadeira caridade, porque nem sempre dar o que se deseja será útil e fará o outro crescer.

— Como é isso?

— Pense, meu amigo. Da mesma forma que um pai precisa dizer não ao seu filho para que ele compreenda as dificuldades da vida, nem sempre poderemos ajudar como o auxiliado ou nós mesmos gostaríamos, porque não seria útil para ninguém. Muitas vezes, o auxiliado precisa sentir o peso do desalento para buscar Deus em seu coração.

Paulo, então, pensou nele próprio. Como ele poderia querer que os seus pais fossem até ele, quando de sua morte, para ajudá-lo em sua vingança se, pelo que viu de sua mãe, esta só resplandecia luz? Ele não compreendia a ausência de seus pais naquele momento, mas agora percebeu que quando abriu o seu coração para Deus, ela estava lá para auxiliá-lo.

Seus olhos encheram-se de lágrimas. Estevão, captando os seus pensamentos, disse:

— Paulo, você e seus amigos nunca estarão sós. Se precisarem de ajuda, peçam que ela virá. Não era dessa forma em seu trabalho anterior? Mesmo não sendo de auxílio ao irmão que sofre, vocês se ajudavam mutuamente em seus objetivos.

Paulo ficou envergonhado. Ter a certeza de que Estevão sabia sobre as suas antigas atividades o deixava com vergonha.

— Não se envergonhe, meu amigo. Todos nós, em algum momento de nossas vidas, também percorremos os caminhos tortuosos de nossas falhas humanas. Mas o mais importante é nos perdoarmos e seguirmos em frente pelos caminhos do amor e da redenção.

Paulo sentiu de Estevão uma energia que confortava o seu coração amargurado e agradeceu ao novo amigo pela ajuda ofertada. Ele desejava que um dia pudesse fazer essa mesma doação energética.

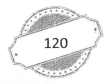

Buscando mais informações, reforçou o pedido a Estevão que o orientasse com o caso do casal em desarmonia. Não tardaria e Carlos colocaria em prática o seu intento de sequestrar Karina. Realmente, era questão de muito pouco tempo.

— Vanda é o seu primeiro alvo de amor. É ela que você terá de convencer de que o caminho que percorre não é a melhor escolha. Sinta, em seu coração, as dificuldades pelas quais ela passa que você saberá exatamente o que fazer. Também, não se acredite tão pecador a ponto de não poder receber as intuições do mais Alto. Abra o seu coração que elas virão daqueles que o amam.

Paulo sorriu para Estevão e se despediu com um abraço fraterno.

Chegando à casa de Carlos, Paulo encontrou com os seus dois comparsas. Explicou para eles que tinha pensado no assunto e que tinha escolhido continuar a ajuda que lhes fora confiada. Para isso, ele gostaria de saber a opinião deles sobre como deveriam agir.

Ambos olharam um para o outro e disseram quase juntos:

— Bem, nós pensamos em algo – e sorriram timidamente.

Paulo percebeu que, até aquele momento, os tratava como seus subordinados e não como companheiros de trabalho. Sem perceber, com aquela atitude simples, tinha dado a eles sua carta de alforria. Com o coração livre também, disse:

— Meus amigos, antes de qualquer coisa quero dizer-lhes que eu os considero como companheiros nesta tarefa que abraçamos. Peço que não mais me vejam como o líder cruel e desumano. Vocês vieram comigo por livre vontade e eu estou muito agradecido por estarem aqui me dando esse apoio tão importante em minha vida. Sei que talvez o nosso futuro seja viver eternamente em uma prisão da organização, quando nossos antigos parceiros nos encontrarem, mas eu terei feito algo útil na minha vida e será essa lembrança que me confortará para sempre.

— Sabe, chefe – disse Vesgo –, eu sei que falo pelo Capenga também quando afirmo que o senhor tem que continuar sendo o nosso líder, porque sem liderança não conseguiremos atingir os nossos objetivos. Mas é muito melhor quando pensamos que estamos todos juntos contribuindo para que o nosso plano dê certo, que poderemos ajudá-lo com as nossas ideias para que tudo termine bem e que não seremos castigados se formos malsucedidos em nossas tarefas.

Capenga balançava a cabeça concordando com Vesgo e Paulo percebeu o quanto se tornara responsável por aqueles dois companheiros que resolveram segui-lo naquela empreitada. Ele tinha de relembrar, logo, simplesmente o que era ser um amigo.

— Obrigado — disse Paulo, abrindo espaço para que bolassem um plano de ação.

Com esse plano formado, todos se prepararam para a tarefa.

Normalmente, Carlos só bebia quando chegava em casa. Naquela noite, porém, ele já chegou bêbado e acompanhado. Os três logo perceberam que algo não estava bem. Muitos vieram depois para acompanhá-lo naquilo que tinha se tornado rotina na vida daquele pobre ser: beber até desmaiar.

Enquanto os outros espíritos estavam absorvendo as emanações magnéticas da sua bebida, Vanda aguardava num canto. Então Paulo pediu para Vesgo fazer a sua parte. Tinha ele a incumbência de elevar o nível de consciência dela ao tirá-la daquele torpor. Era a única maneira de ela entender o que Paulo iria lhe falar.

Capenga já tinha ido para a casa de Vanda. Ele tinha a função de conversar com os parentes dela, enquanto eles estivessem dormindo, para saber se algum deles poderia ajudá-los. Caso alguém aceitasse o convite, seria trazido até ela naquela mesma noite.

Poucos minutos depois, Capenga trouxe dona Amélia, a mãe de Vanda, para auxiliá-los. Ela chegou chorando, pois há anos não via a sua filha e, sabendo do seu estado, ficou muito perturbada.

Paulo sabia que a ajuda da mãe não seria satisfatória se ela continuasse aflita. Por isso, ele primeiro procurou lembrá-la de como ela deveria agir para ajudar a sua filha. Após alguns minutos, ela se recompôs e ele pediu que ela o esperasse ali.

Paulo, então, se dirigiu à Vanda, que estava do outro lado da sala.

— Vanda! – chamou Paulo. – Vanda, olhe para mim.

Ela olhou como se estivesse vendo um vazio. A mãe soltou um soluço que foi logo cortado pelo aperto de mão de Capenga.

— Vanda, lembra-se de mim?

Como se o estivesse vendo pela primeira vez, ficou a fitá-lo. Vesgo continuou emanando para ela uma energia que, segundo orientação de Paulo, poderia acordá-la daquele torpor. Após alguns segundos, Vanda olhou-o diretamente e o reconhecendo disse, por fim:

— Sim, me lembro de você.

— Meu nome é Paulo e eu preciso falar com você. Você nos disse das dificuldades que enfrentou no final da sua vida; que você está aqui para se vingar daquele que a fez sofrer, mas, percebemos, no tempo que estamos aqui, que é você quem mais está sofrendo. Você morreu e ainda não sentiu paz.

— Nisso você tem razão, não sinto paz. Mas, quando eu terminar de me vingar, a paz chegará, meus amigos disseram isso para mim.

— Infelizmente, Vanda, isso não é verdade. A vingança lhe trará uma satisfação momentânea, mas e depois? O que será de você? Como continuará a sua vida se o que a acompanhará será a imagem de ter feito mal a alguém? E eu posso dizer isso para você porque vivi esse dilema em minha própria vida. Quando fazemos o mal, nos escravizamos a ele e temos enorme dificuldade de nos afastarmos dele depois. Quanto mais fazemos o mal, mais nos acorrentamos às suas consequências.

— Então, por que você está me ajudando agora? Do jeito que fala, você se descreve como um desses espíritos que vejo aqui quase todo dia.

— Minha amiga, eu não a influencio negativamente, mas já fiz isso com muitos outros que me davam abertura, porém, eu me cansei de fazer o mal e por isso estou aqui para ajudar você.

— Ora, tenho certeza de que você quer ajudá-lo. Você nem pensa em mim. Deve ser amigo dele e quer o seu bem.

— Bem, você está certa quando disse que eu quero o bem dele, mas não sou amigo dele. Muito pelo contrário, poderia até querer o seu mal, porque ele é o neto do meu assassino.

Vanda olhou para Paulo com admiração e perguntou-se por que ele estaria ali. Será que ele realmente pensava nela? Será que queria mesmo o seu bem? Fazia tanto tempo que ninguém se preocupava com ela.

Paulo continuou:

— Vanda, pense um pouco. Depois que você ficou sozinha, como você viveu a sua vida?

— Eu nunca mais tive paz. Depois que li o recado dele e me percebi sozinha, eu só pensava em me vingar dele. Como ele pôde fazer isso comigo? Depois de tudo o que eu fiz por ele?

— E o que você fez por ele? – perguntou Paulo.

— Ora, eu fugi com ele. Saí da minha casa que era muito confortável, onde eu tinha tudo o que eu queria...

— Sim, mas onde você também não se sentia feliz. Tanto que foi você quem o seduziu quando soube que ele poderia ser a pessoa certa que a levaria para fora da cidade. Não se importou nem com os sentimentos que ele tinha por outra pessoa e fez um trabalho de magia para que ele só visse você em sua vida.

— Como você sabe disso? – gritou Vanda por ter sido descoberta.

— Sei ainda algumas coisas mais: sei que você também o acusava, sem qualquer embasamento, de ser infiel; reclamava intensamente da vida pobre que levavam, jamais agradecendo por ele se esforçar todos os dias no trabalho árduo que lhes dava o alimento para atender as suas necessidades.

E antes que ela retrucasse, ele continuou:

— Mas – falou com ênfase –, você não foi a única responsável, pois ele fugiu. Fugiu e a deixou sozinha, e você teve que se virar.

Ela chorava baixinho. Estava tão cansada! Queria parar com aquilo, mas quando o via seguindo com a sua vida, ficava com muita raiva.

— Vanda, pense. Ele pode estar vivo, mas veja o quanto ele se culpa pelo que aconteceu com vocês. Ele começou a beber quando você se aproximou dele e isso você não planejou. Ele bebe porque se culpa por tê-la abandonado. Tenho certeza que foi por isso que os seus "amigos" a orientaram para continuar com ele e seduzi-lo até que ele fosse preso ou se matasse. Eles sabiam o que estavam fazendo. E depois disso, você sabe o que deverá a eles?

— Eu nunca pensei nisso. Eles sempre me disseram que me orientariam e me dariam tudo o que eu precisasse, mas que para isso, eu também deveria contribuir com os seus objetivos. Mas, até agora, eles não me pediram nada.

— Até agora... – disse Paulo.

— Digamos que isso tudo seja verdade. Então, o que devo fazer?

— Você deve ser feliz. Largue essa vingança enquanto você ainda pode e vá embora. Eu trouxe alguém que gostaria muito de falar com você... – e fez um sinal para que a sua mãe pudesse chegar perto.

A reação de Vanda foi surpreendente. Ela saiu de um estado de choro sentido para um estado de suplício moral. Reconhecendo sua mãe, foi se encolhendo em seu canto, colocando suas mãos sobre o seu rosto, dizendo que ela não poderia vê-la naquele estado. Mandava a mãe embora sem parar. Por fim, chorava desconsolada falando baixinho que não tinha merecimento para ver a sua mãe tão querida.

Amélia a colocou no colo e disse, sem parar, que a amava. Fez afagos em seus cabelos até que ela se acalmou um pouco.

Enquanto isso, Paulo percebeu que havia uma falha no plano deles. Como ela conseguiria fugir dos seus companheiros de maldade? Chamou Capenga para conversar com ele sobre isso. Vesgo ainda estava emanando as energias equilibrantes para Vanda e não poderia parar naquele momento. Ambos ficaram sem saber o que fazer. Não tinham como protegê-la. Não sabiam nem qual seria o futuro deles dali a uma semana.

Nesse momento, Paulo se lembrou do que Estevão lhe falara sobre só pensar que a ajuda viria. Pensou então em Estevão, pedindo sua ajuda. Imediatamente, Estevão apareceu ao seu lado sorrindo e Paulo não se fez de rogado:

— Estevão, você disse que se precisássemos de ajuda, era só pedir. Então, preciso que a Vanda seja protegida daqueles que a escravizarão no futuro. O que adianta eu retirá-la daqui se ela cairá nas mãos deles depois?

— Muito bem pensado, Paulo. Podemos ajudá-la, se ela desejar.

Colocando em prática aquilo que disse, Estevão foi até Vanda e a enlaçou numa luz brilhante e acolhedora. Paulo percebia que ela não enxergava aquela luz, mas a sentia com certeza.

Paulo viu quando Vanda se rendeu a Estevão. Para sua surpresa, ela se levantou, foi até Carlos, lhe deu um beijo de despedida e disse-lhe que o perdoava. Estevão, então, após um lance de olhar como se pedisse permissão a Paulo, a levou dali sem dizer para onde. Sua mãe ficou chorando de alegria pelas graças recebidas.

Paulo tinha seus olhos marejados de lágrimas. "Será que, algum dia, ele também poderia ser levado? Será que, algum dia, ele poderia sentir aquela paz que a presença de Estevão proporcionava?", pensou ele.

Vesgo e Capenga vieram abraçá-lo e se parabenizaram por terem tido sucesso na primeira parte do plano. Agora, a meta era ajudar aquele pobre rapaz.

— Primeiro, vamos levar a mãe de Vanda para casa. Ela precisa descansar. Tenho certeza que pensará que teve um belo sonho com a filha.

Henrique, Adamastor, Apolônio e Roberto estavam reunidos, conversando sobre os avanços de Paulo e seus amigos:

— Meu coração fica repleto de alegria quando vejo o quanto Paulo e seus amigos cresceram, nesses últimos dias – disse Henrique. – Tenho certeza que eles conseguirão ajudar a família Martins.

— Sim, Henrique. Temos certeza que sim. Paulo superou as próprias dores quando soube do parentesco de Carlos com Almeida – disse Apolônio, seu mentor. – A nossa intervenção nada mais fez que abrir o seu coração às suas dificuldades, permitindo a ele enxergar o seu próprio estado moral. Isso é evolução.

— O que poderemos fazer agora para ajudá-lo?

— Vamos continuar ajudando sem que eles nos vejam. Acredito que eles se sentirão muito mais sintonizados em suas propostas de mudanças se tentarem sozinhos a tarefa abraçada.

Todos concordaram com Apolônio.

Neste mesmo instante, Paulo, Vesgo e Capenga olhavam para Carlos com olhos piedosos. Paulo, no entanto, balançou a cabeça e disse aos dois:

— Nós éramos muito eficientes no que fazíamos porque não sentíamos pena. Eu não gostaria de ser alvo de pena e, tenho certeza, nem vocês. Vesgo, quero que você faça agora com Carlos o mesmo que fez com Vanda. Vamos aproveitar que os outros espíritos já se foram e ele está só. Vamos tentar harmonizá-lo para que saia do corpo e possamos conversar com ele. Desta vez ele exagerou e por isso ainda não se desprendeu do corpo e, talvez, nem o faça sozinho neste estado.

Imediatamente, Vesgo se colocou ao lado de Carlos e, como na primeira vez, sob a orientação de Paulo, ele rezou pedindo ajuda e, com isso, se sentiu mais apto a fazer o que queria. Então, alegrou-se intimamente como uma criança que fazia, pela segunda vez, uma experiência e que não contara para o pai sobre a sua peripécia.

Capenga e Paulo, percebendo que Vesgo tinha iniciado o processo, esperaram para que Carlos se desprendesse do corpo e ambos pudessem conversar com ele.

Em poucos minutos Carlos acordou no plano espiritual ainda sob efeito da bebida, mas, devido a intervenção de Vesgo, tinha condições de conversar com eles.

— Carlos, não tema. Somos amigos e queremos ajudá-lo.

— Ajudar em quê? Não preciso de ajuda e estou muito bem.

— Acreditamos que você esteja bem, mas precisamos que você nos diga por que está se embebedando todos os dias?

Com um olhar meio desconfiado, demorou para responder. Mas depois, como se tivesse pensado e decidido, suspirou e falou:

— Eu não aguento mais a minha culpa. Eu abandonei minha esposa. Eu não fui homem suficiente para aguentar as minhas responsabilidades e fugi, deixando-a sozinha. Tenho que admitir que, nos primeiros meses, eu não me sentia culpado. Mas após um ano, comecei a pensar que se ela não conseguisse a ajuda dos pais, como sobreviveria? Esse pensamento não saía da minha cabeça. Então, fui atrás dela em nossa antiga casa e, para minha desgraça, soube através de uma vizinha que ela tinha morrido.

— Sim, meu amigo, ela morreu, mas, entenda que ela também foi responsável pelo que aconteceu com vocês. Você não a obrigou a fugir com você. Vocês fugiram juntos. Você acreditou nela quando

129

ela afirmava que iria voltar para casa dos pais, mas não se certificou disso e agora o seu coração está dilacerado pela culpa. A culpa somente o prende mais ao que existe no seu passado, não o deixando viver bem o seu presente nem construir o seu futuro. E quanto a Karina?...

— Karina? Sim, Karina. Ela é o meu amor.

— Tem certeza, Carlos? Você a conhece bem?

— Claro que sim... Bem... – ele pensou melhor – para falar a verdade, não. Eu somente pude conversar com ela poucas vezes.

— Então, por que afirma que ela é o seu amor?

— Não sei. Engraçado, nesses últimos meses, foi só o que senti: amor por Karina. Mas, agora que me pergunta, como posso amá-la se não a conheço? Mas, eu a amo, não a amo?

Paulo piscou para Vesgo e Capenga. Sem a influência de Vanda e com a ajuda de Vesgo, ele estava conseguindo se libertar, devagar, daquele transe hipnótico em que ela o mantinha.

Paulo sussurrou algo no ouvido de Capenga que, imediatamente, se ausentou dali. Depois, sussurrou no ouvido de Vesgo que, deixando Carlos com atenção voltada para seu próprio questionamento por alguns minutos, disse finalmente:

— Amigo, gostaríamos de levá-lo para ver a sua família. Você gostaria de visitá-la? – perguntou Vesgo.

— Eu posso? Vocês fariam isso por mim? Eu tenho tanta saudade deles!

— Só se for agora! – disse Vesgo sorrindo.

Eles, então, foram para a cidade em que vivia a família de Carlos.

Paulo ficou para trás. Estava muito apreensivo de ir com Carlos e dar de cara com Almeida. Ele, realmente, não sabia qual seria sua reação se o visse. Ajudar Carlos era uma coisa, mas perdoar Almeida era bem diferente.

Entretanto, Paulo sentiu que não poderia se furtar daquela experiência. Ele precisava enfrentar mais essa jornada. Então, se deslocou para lá.

Quando chegaram, Capenga já tinha reunido um bom número de familiares e amigos de Carlos que se encontravam dormindo, inclusive a sua antiga namorada Fátima, que estava ansiosa por vê-lo.

Quando o viram, foi uma festa. Houve abraços e beijos, muitas lágrimas e confissões. Fátima tinha ficado mais atrás, com medo de sua reação, até porque ele tinha fugido com a sua amiga. E não podemos esquecer que ninguém sabia da morte de Vanda, ainda.

Quando Carlos a viu, ficou extasiado. Ela continuava linda! Seu amor por ela saltou de seu peito junto com o coração que batia descompassado. Ele agora tinha certeza: amor era o que ele sentia por aquela mulher. Karina era uma ilusão.

Todos estavam muito felizes até que, em um determinado momento, ouviu-se um grito abafado de pavor. Era Almeida. Ele reconhecera Paulo entre os amigos de Carlos.

Paulo, quando o viu, sentiu um pouco de náuseas, mas percebeu o estado de angústia em que Almeida se encontrava e sentiu pena dele.

Almeida, ainda encarnado, era um homem com mais de noventa anos, magro, semblante sofrido, encurvado, chegou próximo dele e começou a chorar. Todos ficaram curiosos para saber o que havia acontecido, mas Vesgo e Capenga ajudaram o amigo e afastaram as outras pessoas ali reunidas para que eles tivessem um tempo para se entenderem.

— Paulo, é você mesmo?

— Sim, sou eu mesmo, Almeida. Como você está?

— Não muito bem... eu... queria saber, como você está? Como eu posso ver você, se você está morto? Eu também morri?

— Não, Almeida. Nós estamos nos vendo porque você, quando dorme, vem para o plano espiritual, onde eu vivo.

— Eu queria... queria... te pedir perdão... – finalmente Almeida falou. – Sei que o que fiz é imperdoável e eu carrego em meu coração a terrível culpa da traição. Eu não consigo me perdoar. Mas, eu queria lhe dizer que eu fui contra a ideia de culpá-lo por nossas ações. Só não fui homem suficiente para ir contra todos eles. Eu tinha medo. Eu vivi a vida toda tentando justificar que

131

eu não consegui salvá-lo por medo das ameaças de me matarem também. Talvez, se eu tivesse sido corajoso e me rebelado, teria morrido no seu lugar e não teria vivido esse inferno em que vivo dia após dia. Passei a vida toda pedindo a Deus perdão pela minha traição e que pudesse dar paz ao seu espírito, onde você estivesse.

Respirou fundo e continuou:

— Eu fingi que estava doente naquele dia para não participar do que eles estavam planejando. Logo depois que eu fiquei sabendo que tinham consumado o seu assassinato e o acusado vergonhosamente, eu pedi as contas e fui embora para nunca mais voltar. Queria começar do zero e resgatar a minha dignidade. Fiquei sabendo que cada um dos que participaram do grupo morreu de forma terrível.

Tal afirmação fez Paulo voltar ao passado. Durante muitos anos após a sua morte, ele somente odiou. Odiou a si mesmo e aos outros. Ele não sossegou enquanto não se vingou daqueles que o haviam assassinado. Sua morte foi uma traição. Ele possuía poucos amigos e estes trabalhavam no mesmo lugar que ele, num depósito que ficava no porto. Lá, eram estocadas mercadorias das mais simples às mais valiosas. Certa noite Paulo foi chamado pelos amigos para ficar mais um pouco no trabalho, porque iriam fazer uma surpresa para o Beto, o vigia da noite, pois era o seu aniversário. Qual não foi a sua surpresa quando descobriu que era tudo armação. Após ter sido subjugado por seus amigos, eles lhe contaram que vinham, há muito tempo, furtando mercadoria daquele armazém e vendendo para intermediários. O problema é que o dono resolveu fazer uma auditoria no depósito por orientação de um novo contador. Percebendo que tal auditoria iria levá-los para cadeia, pensaram em colocar a culpa em alguém e esse alguém foi o Paulo. O problema é que apenas testemunhar contra ele poderia não ser suficiente, porque ele poderia convencer o patrão de sua inocência. Então, combinaram que iriam assassiná-lo e dar a entender que era ele quem estava praticando aqueles furtos. Seria muito fácil, porque um dos comparsas era o próprio Beto. Ele afirmaria que flagrou Paulo furtando e que, infelizmente, teve que matá-lo.

Paulo, ouvindo isso tudo, não sabia se estava com raiva por saber que iriam matá-lo ou indignado por ter sido tão ingênuo ao

acreditar na amizade daqueles caras. Eles somente o aceitaram como amigo para conseguirem um bode expiatório.

Nos seus derradeiros momentos, Paulo pensou nos seus pais, mas não teve muito tempo para isso porque dois tiros o atingiram, e ele morreu.

Quando ele se viu no plano espiritual, sentiu que deveria ir embora. Pensou novamente em seus pais e que sua atitude não tinha sido muito diferente, mas logo foi envolvido por espíritos das sombras. Eles o convenceram de que não devia perdoar os seus falsos amigos e que eles poderiam ajudá-lo a se vingar.

"Eles me diziam que eu não sabia que meus pais seriam mortos pela minha ação, mas aqueles traidores encomendaram a minha morte premeditadamente. Isso me revoltou e eu aceitei a ajuda, me aliando a eles. Consegui o que queria: um foi morto numa briga de bar provocada por influência nossa; outro foi pego furtando no mesmo depósito poucos anos depois e foi preso. Aproveitamos o fato e, na prisão, incitamos um preso a golpeá-lo até a morte; o vigia noturno que atirou em mim foi morto desgraçadamente em uma noite de trabalho, porque levamos uma gangue violenta a desejar roubar os produtos que estavam naquele depósito. Ele não teve nenhuma chance."

"Nossa, como eu me senti vingado, vendo os meus algozes padecendo as mesmas dores que me impingiram. Quando chegavam aqui, eles me reconheciam e me pediam ajuda e eu ria de todos eles."

"Mas a minha vingança não estava completa. Ainda faltava o Almeida. Na noite de minha morte, aqueles falsos amigos confessaram que o Almeida também fazia parte do grupo."

"Antes de eu achar o Almeida, no entanto, o grupo que me ajudou me disse que era a minha vez de servir. A partir daí, comecei a trabalhar para o chefe e nunca mais parei. Meu Deus, a minha vingança tinha me levado para um estado de escravidão sem fim. A maior traição foi a que fiz comigo mesmo", concluiu Paulo.

— Almeida, eu não tenho nada a perdoar. Se você errou, eu também errei. Agora percebo que tudo aconteceu porque eu colaborei para que isso acontecesse. Fico até agradecido por mais essa experiência na qual pude sentir a liberdade preenchendo o meu coração. Não desejo mais vingança, não desejo mais escravidão. Eu quero viver sabendo que eu posso ser diferente e, se possível, fazer diferença na vida de outras pessoas.

Nesse momento Paulo vê Carlos num canto, cabisbaixo. Ao se despedir de Almeida, dirige-se até ele.

— O que houve, meu amigo?

— Eu não mereço tudo isso, Paulo! Fui um patife! Como poderei ser feliz, se Vanda morreu por minha causa?

— Meu amigo, ambos erraram, mas agora precisam voltar a viver as suas vidas. Ela, no plano espiritual e você, no físico. Ao perdoar ela já deu o primeiro passo para viver bem. Agora, falta você fazer o mesmo.

— É verdade! Sim, guardo em minha lembrança a imagem dela vindo até mim e me perdoando. Ela está bem?

Paulo teve vontade de mentir, mas não conseguiu:

— Não, mas ela ficará bem.

— Essa notícia já é um alívio para o meu coração. Paulo, eu não sei o que farei quando acordar, mas eu gostaria de agradecer de todo o meu coração, por tudo o que você e seus amigos estão fazendo por mim. Eu já estava pensando em fazer uma loucura e, graças a vocês, consegui mudar meu comportamento.

Ele deu um abraço tão forte em Paulo que este não conseguiu segurar as lágrimas. Depois foi a vez de Vesgo e Capenga, que também foram abraçados por aquele que se tornou um novo amigo para o trio.

Com o passar da noite, todos começaram a voltar para os seus corpos, acordando com uma esperança acalentadora de que o futuro seria muito melhor.

Paulo, Vesgo e Capenga não abandonaram Carlos nos dois dias seguintes. Deram a ele força e intuições para que ele não se esquecesse de sua nova meta de vida que era a de retornar para casa. Mas Carlos ainda temia a reação da família de Vanda quando soubesse que ela havia morrido.

Capenga informou a Paulo que a família de Vanda não morava mais naquela cidade. Quando ele foi em busca de informações sobre Vanda e sua família, teve que ir para uma cidade muito distante dali.

— Essa é uma boa notícia. Mas como nós faremos para que Carlos saiba disso? – questionou Paulo.

Capenga foi quem trouxe a solução:

— Podemos ter uma ajudinha se perguntarmos ao Estevão.

Estando os três de acordo, Paulo pensou em Estevão, que apareceu sorridente como sempre:

— Meus amigos, precisam de mim?

Após explicarem o ocorrido, Estevão lhes disse:

— Por coincidência, eu descobri que um antigo morador da cidade de Carlos mudou-se para cá faz pouco tempo e ele está morando relativamente próximo daqui.

Então, os três espíritos tudo fizeram para que Carlos cruzasse o caminho com o do seu conterrâneo. E conseguiram.

— Carlos, é você mesmo?

— Chico, como você está?

— Estou bem, meu amigo. E, Vanda, tudo bem com ela?

— Ah, meu amigo, ela faleceu há um ano, mais ou menos.

— Meus pêsames. Imagino a sua dor.

— Chico, e os pais de Vanda, como estão?

— Não sei, meu amigo. Eles foram embora da cidade, pouco tempo depois de vocês terem fugido. O pai dela não aguentou a vergonha e mudou-se com a família para uma cidade em outro estado. Não sei bem para onde.

— Oh, Chico, como foi bom falar com você. Você não sabe que boa notícia você está me dando. Tenho pensado em visitar a nossa terra, mas temia ter de enfrentar, agora, os parentes de Vanda. Preciso informá-los de seu óbito, mas ainda não sei como fazê-lo.

— Eu entendo, meu amigo. Tenho certeza que você pensará em algo. Bem, tenho que ir. Boa sorte para você.

Carlos ficou muito feliz. Ele vinha pensando muito em Fátima, sua antiga namorada. Há duas noites, ele tivera um sonho muito bonito com ela e seus familiares. Ele acordou com uma disposição diferente. Queria muito mudar de vida. Ele estava com muita culpa pelo que aconteceu com Vanda e isso não era bom. Ele mesmo percebia que já estava exagerando e bebendo sem parar. Do jeito que estava, ia acabar perdendo o emprego ou mesmo a vida.

Pensando em suas ações no passado, ele sabia que a sua escolha em deixar Vanda sozinha não foi acertada, mas, naquela época, ele não sabia mais o que fazer. Ela nunca estava satisfeita com nada que ele fazia. Ele tentava de tudo para fazê-la feliz, mas nada dava certo. Como ela afirmava que seria bem recebida pelos pais, a saída mais fácil que encontrou foi abandoná-la.

Mas, pensando bem, ele não sabia dizer por que fugiu com Vanda. Ele sempre gostou da Fátima e não dela. Mas, antes de fugirem, ele não conseguia tirar os olhos de Vanda, não conseguia parar de pensar nela, parecia até enfeitiçado.

— Bem, isso não importa mais. Eu fiz uma escolha e terei que arcar com as consequências. Primeiro, vou descobrir onde Vanda foi sepultada, depois, vou organizar os papéis de seu óbito, porque imagino que ninguém tenha feito isso ainda.

Uma sensação de culpa passou pelo seu coração, mas ele logo a espantou porque já tinha padecido toda a dor da culpa e de nada adiantou. A dor não a traria de volta e agora era hora de seguir em frente. Continuou a fazer planos: "Vou visitar os meus familiares. Tenho uns dias de folga acumulados e posso pedir para o meu patrão que me dispense para que eu possa ir até lá. Preciso resolver a minha vida e dar outro curso a ela. Depois, descobrirei onde os pais de Vanda se encontram e mandarei uma carta para eles, informando de sua morte."

Paulo, Vesgo e Capenga ficaram muito felizes. Agora, eles achavam que poderiam ajudar a família Martins, porque a vida de Carlos já o levava para outros caminhos.

Foram os três para a casa de dona Josefina e chegando lá ficaram surpresos com a presença de Onofre, Luíza, Cleto e um outro senhor conversando com ela e seus filhos no quarto de Adolfo. Estevão também estava lá com outros espíritos que Paulo não conhecia.

— Meu amigo, nós ficamos surpresos com o seu presente, trazido no início desta semana pelo senhor Cleto – disse dona Josefina –, no entanto, agora que sabemos quem nos enviou, realmente gostaríamos que entendesse que você não tem qualquer débito conosco. O que fez no passado foi reflexo de negociações legítimas que você tinha com o meu marido e sabemos que em nenhum momento agiu de má-fé. Apesar de Percival achar que você poderia ter sido mais sensível às nossas dificuldades, eu sempre entendi que ele sabia das cláusulas da contratação firmada. Então, quem de nós poderia culpá-lo por cumprir com o que foi acordado?

— Senhora Josefina, eu tenho que admitir que, por um bom tempo, eu me senti culpado pelo que fiz vocês passarem. Depois, percebi que eu tinha direito, por nossas leis, de agir daquela forma, mas de qualquer maneira, para acalmar o meu coração, tinha de vir até vocês para saber como estavam e oferecer os préstimos de um bom amigo.

Dona Josefina, com os olhos marejados, olhou para aquele homem que há alguns anos os tinha escorraçado de seu lar e ficado com quase tudo que possuíam e, com um sorriso fraterno, deu-lhe um abraço. Como recusar o presente de Onofre se ele ainda os considerava bons amigos? Será que deveria ouvir o seu orgulho, nesse momento em que o seu filho tanto necessitava de ajuda e eles ainda não tinham condições de se manter?

— Mas – continuou Onofre – gostaria ainda que Adolfo pudesse me fazer um favor...

Parou alguns segundos e disse:

— Este é o doutor Pedrosa e ele se colocou à disposição para examinar você. Não sei se estou esperançoso demais, mas quando soube do acidente, me disseram que talvez você não pudesse mais andar. Isso significa que pode haver uma esperança e eu gostaria de saber se existe ou não algum tratamento para o seu caso.

Dr. Pedrosa pediu licença, solicitando que todos saíssem do quarto para fazer um exame físico em Adolfo.

Todos foram para a sala e esperavam, ansiosos, o diagnóstico do médico. Depois de alguns minutos, ele abriu a porta, chamou todos de volta e disse:

— Senhores, eu estou muito feliz em constatar que não podemos perder as esperanças. A lesão sofrida por Adolfo dá a ele, com o tratamento adequado, possibilidade de mobilidade. Claro que não posso prometer nada, mas se ele se esforçar, terá grandes chances de recuperação.

Todos se alegraram com a notícia. Sabiam que o rapaz era batalhador e, se dependesse dele, estaria andando novamente em pouco tempo.

— Doutor, esse tratamento pode ser feito em nossa cidade? – perguntou Onofre.

— Bem, senhor Onofre, esse é um tratamento caro e necessita de profissionais competentes.

A família se entristeceu porque eles não tinham como pagar aquele tratamento. Seria impossível! Mas Onofre logo falou:

— Gostaria que o doutor me informasse do que a nossa cidade precisa para esse tratamento. Eu já conversei com o nosso prefeito e ele já se colocou à disposição para abrir uma nova ala no hospital para esse fim. Com a minha ajuda, levaremos profissionais e equipamentos necessários ao nosso hospital.

Luíza estava muito orgulhosa de seu marido. Ela jamais havia visto Onofre agir com tanto desprendimento. Ele realmente estava se doando àquela família e ampliando o auxílio para muito mais além.

Adolfo não conseguia falar tal era a sua emoção. Mas, como ele poderia fazer esse tratamento? A cidade onde nasceu era longe e eles não podiam gastar muito para se deslocar.

Como que adivinhando os seus pensamentos, Onofre continuou:

— Como vocês não podem gastar muito com o deslocamento diário, pois nossa cidade é longe, eu e Luíza gostaríamos que vocês aceitassem como presente a escritura de um imóvel em nossa cidade. Ele está em muito bom estado e fica perto do hospital.

A família não sabia o que dizer. Eram muitas novidades. Mas, antes de se pronunciarem, Onofre continuou:

— Doutor Pedrosa, essa lesão de Adolfo permite que ele ande de cadeira de rodas? Poderia ele também trabalhar?

— Sim, claro. Não haverá qualquer empecilho para isso, desde que esse trabalho não exija dele mais do que ele possa dar.

— Então, está tudo resolvido. Há uma vaga de escriturário no cartório local e ela aguarda por você, Adolfo. Como o seu tratamento pode demorar um pouco, eu já mandei construir uma rampa na entrada do cartório e na casa de vocês para que a cadeira de rodas possa transitar sem problemas.

Adolfo estava emocionado. Trabalho era tudo o que ele queria.

— Bem, eu também tenho um presente para vocês – disse Luíza com muito carinho. – Como nós não tivemos uma filha, gostaríamos de apadrinhar Karina, se vocês não se importarem. Quando ela encontrar o seu amor, poderá ter melhores condições financeiras para poder se casar.

Todos estavam muito emocionados, porém, nenhum dos filhos se manifestou. Esperaram, respeitosamente, a mãe dar a resposta pela

família. É claro que Luíza e Onofre ficariam um pouco decepcionados se ela recusasse a ajuda deles, mas respeitariam a sua vontade.

— Nós queremos agradecer de coração tudo o que estão nos ofertando – disse dona Josefina com a voz embargada. – Eu estou muito surpresa com tudo isso. Antes eu queria devolver o dinheiro que, generosamente, vocês nos ofertaram, não por orgulho, entendam bem, mas porque não os vejo como devedores de nossa família. Agora, vocês nos trazem mais presentes!

Após um suspiro profundo, ela disse:

— Eu me pergunto se merecemos tudo isso. Realmente penso que tudo o que passamos até agora nos foi proporcionado pelo Pai para nosso aprendizado. Se nós vivenciamos com fé os acontecimentos infelizes, porque nos recusaremos a viver também com fé os felizes? Nós não sabemos o porquê de estarmos passando por tantas privações em um momento e vivenciarmos a abundância em outros, mas entendo que se Deus nos permitiu passar por tudo isso é porque essas experiências nos fariam melhores. É como temos tentado viver. É verdade que, no início, depois de termos perdido Percival, fomos convidados a morar com Gertrudes que nos dava uma vida cômoda. Porém, com o passar do tempo, apesar da idade e de ser irmã de Percival, ela se encantou com o Adolfo. Ela não sabia que eu percebia os seus olhares e as cantadas para que Adolfo fosse o seu amante – disse dona Josefina ruborizando-se –, mas, vendo que ele não a acolheria em seu leito, ela tentou ameaçá-lo, colocando-o para fora de sua casa. Quando ela disse que ele não poderia mais continuar morando ali, foi o que bastou para podermos sair sem trazer maiores dissabores a ela.

— Mãe, eu jamais imaginei que a senhora soubesse das investidas de tia Gertrudes – disse Adolfo. – Eu não falei com vocês sobre isso, porque imaginei que vocês poderiam ficar muito revoltadas com ela. Mas, ela não foi a única responsável por esta situação. E eu me sinto muito mal por vocês terem de viver aqui por minha culpa.

Mãe e filha começaram a retrucar, mas ele afirmou com veemência:

— É verdade, minha mãe. É por minha culpa sim. O que vocês não sabem é que, em uma noite, voltei para casa muito bêbado. A senhora sabe que eu não sei beber. Ela estava na sala lendo um livro e vocês já tinham ido dormir. Eu tenho poucas lembranças dessa noite, mas o que eu sei é que acordei na cama da tia Gertrudes na manhã seguinte. Quando eu pensei no que tinha feito, fiquei desesperado. Jamais imaginei que em algum momento de minha vida eu pudesse desrespeitar uma mulher, principalmente sendo ela a minha tia. Depois disso, ela ficava cobrando uma atitude de minha parte, mas eu realmente não sabia o que fazer. Eu estava me sentindo muito culpado e quando eu já estava para desistir e aceitar as investidas de tia Gertrudes, a dona Paola, uma empregada da casa, me salvou, confidenciando que eu não tinha feito nada com ela. Eu cheguei tão bêbado que a tia Gertrudes a chamou para ajudá-la a me levar, já desacordado, para o seu quarto. Ela me disse que não entendera o porquê de ser no quarto dela, até ela perceber o que a patroa estava fazendo comigo. Daí para frente, eu não aceitei mais a sua chantagem – continuou Adolfo. – Como eu era firme ao afirmar que eu nada tinha feito, ela desconfiou da dona Paola e a pressionou. Não conseguindo mentir, ela confessou que me contou sobre aquela noite e acabou sendo despedida. Apesar da dona Paola não querer aceitar, eu dei a ela todas as minhas economias, que não eram muitas, por isso quando saímos da casa de tia Gertrudes eu nada mais possuía e não pude ajudar nos momentos de privações e desde então eu trago comigo todas essas culpas.

— Adolfo, se antes eu já o admirava por sua responsabilidade e honestidade, hoje o admiro ainda mais – disse Onofre, apertando a mão daquele rapaz que apesar de tão jovem já tinha passado por inúmeras experiências torturantes. – E você sabe onde a senhora Paola está hoje?

— Eu realmente não sei. Mas, como ela já tinha mais idade, talvez ainda esteja desempregada – disse, tristonho.

— Bem, Onofre – disse Luíza sorrindo –, eu realmente preciso de uma pessoa que me ajude a administrar os serviços de nossa casa. Acho que Cleto terá que trabalhar mais um pouco.

Paulo, Vesgo e Capenga, muito emocionados, entenderam que mais nada teriam a fazer ali. Deveriam voltar e arcar, junto à organização, com as consequências de suas últimas escolhas. Depois de se despedirem de Estevão, retornaram os três para o escritório de Onofre na fazenda.

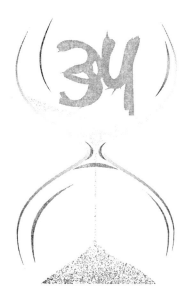

— Amanhã eles estarão de volta, Paulo. O que vamos fazer? – perguntou Capenga.

— Não sei, meus amigos. Se vocês quiserem, podem ir. Quem sabe a organização não procure vocês?

— E quanto a Onofre? Se nós formos, eles continuarão aqui, e com um novo líder – disse Vesgo.

— É verdade. Mas, o que podemos fazer contra eles? – perguntou Capenga.

— Eu estarei aqui para proteger essa família quando eles chegarem. Vocês viram como Onofre mudou. Viram que essa família merece ser feliz e eu não vou deixar que o bando estrague essa felicidade. – Paulo parou alguns segundos para refletir e continuou: – Mas, vocês, meus amigos, podem fazer outra escolha. Podem ir embora e viver outra vida. Eu ainda não sei como lutar contra aqueles com os quais já fui aliado. O que sei é que não conseguiria mais me utilizar dos nossos antigos expedientes para me defender.

— Bem, Paulo, se nós fizemos a escolha de acompanhá-lo antes, vamos fazer a escolha de acompanhá-lo agora também – disse Vesgo, com a aprovação de Capenga.

Paulo ficou muito sensibilizado por essa demonstração de amizade. Algo havia mudado naqueles três espíritos e nenhum deles ainda tinha percebido o que era, mas logo descobririam.

Resolveram, então, cada um da sua forma, aproveitar aquelas últimas horas.

Paulo resolveu passear pelo pomar novamente. Ele já tinha feito um retrocesso de tudo o que eles tinham aprendido naquela última semana e ele estava muito feliz com o resultado de suas ações. Esses pensamentos eram suficientes para que ele não se entregasse ao desespero ou desistisse de sua nova meta de vida que era resgatar a sua condição de filho de Deus.

De repente, estava embaixo daquela mesma castanheira onde viu a sua mãe. Uma lágrima rolou pela sua face e ele a enxugou com carinho. Lembrou-se de vários momentos em que sua mãe ficava com ele quando ainda era criança. Ela o alentava nos momentos de desespero e de tristeza, o aninhava em seus braços quando ele se sentia inseguro e dava-lhe beijos em seus machucados doloridos. Ah, como ele era abençoado por ter tido uma mãe tão carinhosa. Pensou em seu pai também. Ele era mais rigoroso, mas também era muito bom. Trabalhava muito para que eles pudessem ter o necessário para viver. E como ele tinha retribuído? Furtando o dinheiro que os levou a morte.

Então, Paulo chorou. Chorou sentidamente. "Como gostaria de poder pedir desculpas por tudo o que fiz", pensou. Pouco depois ele viu uma luz se formando. Dela, ele pôde ver duas silhuetas que identificou como sendo a de sua mãe e a de Henrique.

Ele, espontaneamente, abraçou-a com muito carinho. Como era bom estar com ela.

— Meu filho querido, você se superou trazendo para o seu coração todo o sentido da palavra Filho de Deus. Você buscou em seu íntimo a compreensão das dificuldades alheias; buscou entender que estamos numa caminhada evolutiva e que, em muitos momentos, poderemos nos perder pelo caminho. Mas, se tivermos ajuda, poderemos encontrá-Lo e seguir em frente sem nos escravizarmos a sentimentos menos dignos. Estamos muito orgulhosos de você.

— Mamãe, fico feliz que a senhora tenha aprovado minhas últimas ações. O que eu mais queria era que a senhora pudesse se orgulhar do filho que criou.

Ele parou comovido, sentindo-se inseguro em fazer uma pergunta para a mãe.

— Não sei se tenho merecimento para saber disso e eu até acho que não, mas eu gostaria de saber se papai está bem. Como ele não vem com a senhora, eu poderia saber se ele conseguiu me perdoar?

— É claro que sim, Paulo. Ele jamais o acusou de qualquer coisa, mesmo quando você se foi de nossa casa. Ele está sempre a velar por você, e quando esteve encarnado novamente velava por você durante seus desdobramentos pelo sono.

— Então, ele reencarnou? Por que ele teve que reencarnar?

— Sim, meu filho. Ele precisava ajudar um espírito muito querido nosso que se perdeu na sua última encarnação dando muita importância aos bens materiais e se comprometendo demasiadamente. Então, nessa última vida, seu pai e outros amigos queridos vieram em seu auxílio, para que ele se lembrasse dos valores morais essenciais ao seu crescimento.

— E quem é este espírito, mamãe? Ele ainda está encarnado? Eu também posso ajudá-lo de alguma forma?

— Você já está fazendo isso, meu filho.

Paulo teve um pensamento que o desnorteou. Ele olhou para a mãe e para Henrique. Seu coração batia descompassadamente. Finalmente, ele perguntou:

— Mãe, este espírito é Onofre?

— É sim, meu filho.

Paulo caiu de joelhos. Até pouco tempo, ele estava perseguindo Onofre, espírito que o seu pai tinha reencarnado para ajudar.

— Mãe, você disse que papai esteve reencarnado. Então, ele já morreu? – perguntou consternado.

— Sim, meu filho.

"Mas, então, quem foi o meu pai nessa sua última reencarnação?", pensou Paulo. Olhou novamente para a sua mãe e, após uma reflexão final, olhou para Henrique, só então reconhecendo nele o seu pai.

Abalado pelas revelações, ele chorou de arrependimento por tudo aquilo que ele fizera contra aquela família.

Henrique ajoelhou-se ao seu lado, abraçando-o. Enquanto o aninhava em seus braços, foi se transfigurando, apresentando a imagem paterna de Paulo em sua última encarnação.

— Me perdoe, meu pai, me perdoe! Por duas vezes, fui o causador de sua morte – disse Paulo constrangido.

— Não, meu filho. Não pense nisso.

— Sim, meu pai. Fui sim. Eu fui aquele que, para desestruturar Onofre, fiz com que a sua doença se agravasse, por meio de forças obscuras de nossa organização. Eu impedia que você melhorasse e, por consequência, o fiz morrer de novo.

Paulo chorava dolorosamente.

Henrique, por sua vez, estava sereno. O segurava em seus braços com o máximo de seu amor paternal.

— Meu filho, minha vinda já estava programada para ser pequena. Eu não viveria mais do que vivi. Onofre precisava aprender com as dores da alma sobre os verdadeiros valores da vida. E isso ele está fazendo hoje. Por incrível que pareça, sem a sua interferência, ele teria demorado mais tempo para aprender.

— Explique melhor, meu pai.

— Ora, meu filho. Se vocês não atormentassem tanto Onofre como fizeram, ele não ficaria incomodado com a vida que levava e não buscaria mudanças. Jesus dizia que "Ai do mundo, por causa dos escândalos; porque é mister que venham escândalos, mas ai daquele homem por quem o escândalo vem."[1] Você é responsável por suas ações, meu filho, mas, por meio delas a Vida sempre transformará em benefícios tudo aquilo que escolhermos fazer, não importando qual seja a nossa intenção. E foi o que aconteceu na vida de Onofre e na sua vida. Não se

---

[1] Mateus, 18:7

perturbe mais, Paulo. Estamos aqui para ajudá-lo. Você e seus amigos resolveram enfrentar com dignidade aqueles que foram os seus aliados de outrora. Amanhã, Paulo, meu filho, não se esqueça de Jesus. Não se esqueça de Jesus!

Sua mãe e Henrique começaram a sumir. Ele queria que esse momento perdurasse para sempre, mas, mesmo entristecido, elevou o seu pensamento a Deus e agradeceu por aquele presente.

Eles começaram a ouvir o grupo chegando. Os três se entreolharam e ficaram firmes em seu propósito de não brigar. Eles tinham aprendido que não deveriam mais agir como antes. Sua batalha seria em palavras e, se ninguém os escutasse, eles os acompanhariam em paz. Quando o grupo ia entrar no escritório, Paulo pensou em Jesus e, para a surpresa de todos, ninguém conseguiu entrar.

— O que está acontecendo? – gritavam eles. Chamavam Paulo que estava lá dentro para saber o que fazer.

— Onde está Paulo? – outros mais atrás perguntavam para os primeiros.

Paulo e seus amigos, sem nada entender, resolveram sair.

Mas qual não foi a surpresa dos três quando aqueles espíritos os viram. A turba raivosa fugiu dizendo impropérios e chamando-os de traidores.

Quando todos se foram, os três viram uma luz deslumbrante aparecer para eles. Paulo, imediatamente reconheceu nela o seu pai (na pessoa de Henrique), a sua mãe, Estevão e Apolônio. Este último, Paulo não sabia de onde ou por que o conhecia, mas o tinha em seu coração.

Apolônio se dirigiu ao grupo:

— Meus amigos, talvez vocês estejam se perguntando o que aconteceu. Eles fugiram porque identificaram em vocês a luz do Cordeiro.

Eles se entreolharam de novo e, pela primeira vez, perceberam que agora não mais traziam em seus corpos os flagelos e as mazelas da dor e da indiferença.

— Este é o resultado de suas últimas ações. Vocês não precisam mais temer por sua liberdade nem por aqueles que se encontram na matéria. Onofre e sua família estão compreendendo o seu objetivo neste mundo e, por isso, já estabeleceram sua proteção natural contra os seus antigos aliados. E quanto a vocês? O que desejam fazer agora? – perguntou Apolônio.

Vesgo e Capenga disseram praticamente juntos:

— Continuar o que estávamos fazendo: ajudar.

— Muito bem. Então, temos um convite para vocês. Fiquem conosco para ensinarmos a vocês a fazer o que, até agora, fizeram por instinto ou intuição. Nós os convidamos a trabalhar para Jesus.

Vesgo e Capenga aceitaram o convite com muita alegria. Antes de irem, contudo, olharam para Paulo e vieram abraçá-lo, agradecendo por ele ter visto neles a vontade de mudar.

— Não, meus amigos, foram vocês que me fortaleceram para darmos início a essa caminhada. Se vocês não estivessem comigo, não sei se teria conseguido. Obrigado! – Paulo deu uma pausa e falou como se somente agora tivesse a curiosidade de fazê-lo. – Antes de irem, podem me dizer os seus verdadeiros nomes?

Eles riram como velhos amigos e disseram:

— Meu nome é Pedro – disse Capenga.

— E o meu é Valter – disse Vesgo.

Eles se abraçaram pela última vez e se foram, acompanhados de dois outros amigos espirituais que vieram atendendo ao chamado de Apolônio.

— E você, Paulo, o que quer fazer? – perguntou Henrique.

— É claro que eu também quero seguir ajudando os mais necessitados, mas, para me libertar de alguns entraves que ainda sinto existirem em minha vida, eu preciso saber por que vocês pegaram aquele dinheiro com um agiota? Eu realmente preciso saber.

— Bem, meu filho, sua mãe estava muito doente e nós precisávamos pagar um tratamento médico muito caro.

Paulo, constrangido, abaixou os olhos ao perceber que devido ao seu egoísmo nem tomou conhecimento que sua mãe estava doente. Aquilo foi uma punhalada em seu coração.

— Meu filho — disse ela —, entenda que tudo o que aconteceu deve ser visto por você como parte de seu passado. Devemos aprender com ele para não repetirmos os mesmos equívocos no presente. Você, mais do que ninguém, sabe como a culpa nos escraviza e nos impossibilita realizarmos aquilo que é útil para o nosso crescimento. Veja a si mesmo como um aprendiz que hoje teve a oportunidade de se ver defronte a mais uma lição da Vida.

— Eu entendo, minha mãe. E tentarei não esquecer seu valioso ensinamento. Preciso me libertar das correntes que me prendem ao passado e, para isso, tenho que admitir que me sinto comprometido com aqueles que eu, por vingança, levei a torturas e desolações. Gostaria de resgatá-los de suas prisões emocionais e mentais, como nas que eu estava até pouco tempo. Será que eu conseguiria isso?

— Claro que sim, meu filho — disse sua mãe. — Você fez por merecer essa graça. Deixe-nos orientá-lo como fazer para, finalmente, tomar posse de sua nova função na seara de Jesus.

Paulo abraçou os seus amigos e deixou-se levar para os novos aprendizados.

Luíza estava radiante. Ela e Onofre estavam prestes a inaugurar uma instituição beneficente em sua cidade, cujo objetivo era abrigar e amparar crianças carentes. Luíza já tinha muita experiência nessa área porque, antes de se casar, já havia trabalhado como voluntária no orfanato de sua antiga cidade. Ela sentia saudades do trabalho que fazia com as crianças e, desde que o seu filho Henrique se foi, a vontade de retomar essa atividade se tornou ainda mais forte.

Quando Onofre chegou até ela com a proposta de abrir aquela instituição, ela nem pôde acreditar, e as primeiras pessoas em quem ela pensou para ajudá-la com o projeto foram dona Josefina e Karina.

Em menos de seis meses, elas transformaram um dos imóveis que Onofre possuía em uma creche com tudo o que era necessário para dar conforto e comodidade às crianças.

Elas estavam radiantes, pois também teriam a ajuda de outras mulheres voluntárias da igreja, entre elas a senhora Martha, bem como um grupo de funcionárias contratadas.

Karina, por exigência de Luíza, foi contratada como funcionária para trabalhar na área administrativa da instituição. Martha a ajudaria porque Luíza queria trabalhar diretamente com as crianças como fazia quando era mais jovem.

Ambas surpreenderam a todos com sua competência em resolver as questões administrativas com habilidade e responsabilidade, mas também com muito carinho e amor.

Muitos meses se passaram e chegou o Natal. Seria realizada uma bela festa no orfanato. Onofre, Luíza, Martha, Karina, dona Josefina e Adolfo já estavam lá para os últimos preparativos.

Enquanto aqueles amigos tão queridos iam de um lado para o outro do salão para averiguar se tudo estava preparado, Roberto, Adamastor, Apolônio, Henrique, Estevão e Paulo estavam lá, observando todos com muita alegria.

— Eu jamais imaginei que poderia sentir, de novo, essa alegria em meu coração – disse Paulo.

— É verdade, meu amigo – disse Apolônio. – É muito bom vermos os que amamos caminhando corretamente em sua jornada terrestre. Onofre perdeu-se na sua última existência dando mais importância aos bens materiais. Muitas foram as pessoas que ele prejudicou para atender aos seus desejos e para ficar rico. Uma delas, inclusive, foi Ernesto. Em sua atitude inconsequente, Onofre desonrou a filha dele que, após ter sido abandonada grávida, se suicidou de vergonha. Ernesto era um comerciante desonesto e inescrupuloso, mas também era um pai amoroso. Quando descobriu a causa do ato desesperado de sua filha, jurou vingança. Ernesto foi assassinado em uma negociação ilegal em que se metera, não conseguindo se vingar enquanto vivo. Ernesto foi o seu antigo chefe na organização, Paulo. Por isso vocês eram tão pressionados e ameaçados para terem sucesso na influenciação sobre Onofre. Ele prometeu a si mesmo que Onofre sucumbiria ao seu jugo.

— A primeira fase do plano de Ernesto vocês atingiram – continuou Apolônio. – Ele viu Onofre perder o seu filho, como ele também havia perdido a sua filha. No entanto, ele queria mais. Queria que Onofre perdesse a esposa e os seus bens materiais, e que fosse assassinado. Depois, vendo a dificuldade de seu intento, planejou tirar a sua dignidade, como ele tinha tirado a de sua filha amada, fazendo com que ele retornasse ao plano espiritual pelo suicídio. Essa parte, felizmente, ele também não conseguiu atingir.

— O que aconteceu com a organização? – perguntou Paulo a Apolônio.

— Ela continua existindo, porém Ernesto já está se cansando. Ele não está mais conseguindo atingir Onofre, porque este conseguiu compreender a sua necessidade de mudança, transformando-se em um agente de caridade e amor. A filha de Ernesto também está trabalhando para a recuperação de seu pai e, se não estivermos sendo muito otimistas, acreditamos que ele se abrirá ao amor filial dentro em breve. Sabe, Paulo, antes de reencarnar – continuou Apolônio –, Onofre havia planejado mudar e tentar ajudar as pessoas, amenizando a pobreza e dando-lhes dignidade, tudo isso para curar-se das culpas por ter desajustado a vida de tantos. Sua mãe e Luíza se comprometeram a vir com ele para que elas o auxiliassem com o seu amor e corações cristãos, nas duas fases de sua vida. Se ele tivesse colocado em prática o seu planejamento espiritual logo quando pôde, muitos sofrimentos poderiam ter sido evitados. Henrique ainda tentou lembrá-lo, mas a sua indignação para com Deus falou mais alto naquele momento.

— Para que você entenda melhor, Paulo – explicou Henrique –, além de Ernesto e sua filha, outras pessoas prejudicadas por Onofre naquela existência foram o senhor Percival, dona Josefina, Karina e Adolfo, com quem agora ele resgata os seus débitos, libertan-do-se da culpa que o assolava inconscientemente. Com essa nova postura, Onofre está se redimindo porque auxilia com amor e sem olhar a quem.

— Mas o senhor Percival não foi auxiliado por Onofre. Ele morreu antes.

— Sim, é verdade, meu filho, mas ele viu toda a ajuda que Onofre tem dado à sua família e isso o fez enxergar o quanto ele mu-dou. Isso também deu a Percival a vontade de abandonar qual-quer sentimento menos digno e seguir o seu caminho sem má-goa no coração.

— E o senhor, pai – disse Paulo a Henrique –, porque veio ajudar Onofre?

— Ah, meu filho, eu também errei com ele. Na existência em que Onofre se complicou eu era seu pai. Fui um pai honrado e que muito o amava, mas, sem o apoio de minha esposa que mor-reu no parto, dava a ele tudo o que me pedia, não freando as suas vontades e paixões. Não o corrigia, mesmo quando via que o caminho que percorria era desonroso. Pela minha omissão paterna, ele se transformou num homem presunçoso e deso-nesto. Eu, como pai, deveria ter tido pulso firme para orientá--lo, mas infelizmente isso eu não fiz. Desencarnei muito cedo por desgosto, num processo de suicídio inconsciente. Sozinho no restante de sua vida, Onofre não modificou as suas ações. Dessa maneira, quando ele foi resgatado, após anos de sofri-mento no umbral, e preparado para mais uma reencarnação, eu já me encontrava no plano espiritual e me coloquei à dispo-sição para ser o seu filho. Dessa vez, contudo, prometi que não seria mais omisso. Para que você entenda, meu filho, eu vivi a minha existência como o seu pai, enquanto ele ainda estava sofrendo nas zonas de reparação. Foram muitos os anos de pa-decimento para ele.

— Nesta existência, muitas foram às vezes – disse Roberto – que Onofre sentiu que deveria agir em favor do próximo, mas ele sempre colocava algum empecilho: ou que era pobre demais, ou que estava infeliz demais ou ele e sua mulher poderiam ficar pobres se ele fosse condescendente demais com os seus devedores. E a vida foi passando. Na semana que Cleto foi entregar o dinheiro à família Martins, Onofre ficou em casa para finalizar umas negociações. Numa noite, quando fez o levantamento final, percebeu que tinha feito bons negócios e que o ano tinha sido melhor do que ele pensava. Imediatamente, lembrou-se da família Martins e prometeu que iria fazer de tudo para ajudá-la. Auxiliado por Apolônio, num *flash* de memória, lembrou-se do seu filho, no leito de morte, pedindo que ele agisse com o próximo como se este fosse o seu próprio filho.

"Como poderia eu agir com um desconhecido com o amor que sinto pelo meu Henrique? Bem, vindo esse pedido dele, eu não me surpreendo", riu ele consigo mesmo. "Mas como posso fazer para atendê-lo? A Luíza tinha razão quando me disse que nós esquecemos de Deus nos momentos de felicidade. Se a colheita é boa, os méritos são nossos, mas se a colheita é ruim, Deus é o culpado. Mas eu vou agir diferente agora. Henrique me disse que eu não poderia me voltar contra Deus quando de sua morte e, ao contrário do que ele me pediu, fiquei revoltado. Agora eu compreendo melhor. Ah, mamãe, você sempre esteve certa. Deus nunca me desamparou. Eu é que nunca tive olhos para enxergá-Lo na minha vida. Eu sempre tive alguém do meu lado me amparando com amor. E isso é obra Dele. Mas ainda não é tarde. Esse pedido é muito importante e eu o cumprirei. Eu serei aquele que estará do lado do meu próximo quando ele não tiver mais ninguém."

— A partir daí – disse Apolônio –, vocês são testemunhas de todas as boas ações que Onofre fez. Ele está cumprindo com louvor a sua promessa e está indo mais além.

Felizes com os progressos de seus tutelados, eles voltaram sua atenção para a festa.

Toda a comunidade foi convidada.

As crianças estavam empolgadas, porque souberam que o Papai Noel iria aparecer. "Será que ele traria presentes?", elas se perguntavam.

Adolfo já caminhava amparado por duas muletas e era só alegria. O seu tratamento ainda não havia terminado, mas ele já mostrava

um enorme progresso. Ele sabia que, se fizesse um esforço maior, poderia abandonar uma daquelas muletas e, quem sabe um dia, as duas.

Karina estava namorando um amigo de infância, com total aprovação de sua família e de seu padrinho, Onofre.

Nessa hora, o relógio bateu cinco horas da tarde e eles viram entrar no salão, repleto de crianças e adultos sorridentes, um Papai Noel todo de vermelho, com uma sacola enorme em suas costas trazendo presentes para todas as crianças. Era Onofre!

Onofre e Luíza não tiveram mais filhos. Mas, quando eles se foram para o plano espiritual, muitos eram os "filhos" que os amavam.

Luíza desencarnou primeiro, em uma noite de inverno. Onofre estava com ela e a acompanhava porque ela estava muito enfraquecida em razão de uma pneumonia e, apesar de todos os remédios, ela não melhorava. Os médicos disseram que ela não aguentaria por muito tempo.

Onofre não saía de perto dela. Ele a distraía contando as peripécias das crianças da creche e falando sobre a fazenda, que já estava sob a administração de Adolfo havia alguns anos. Contava também as últimas traquinagens dos filhos de Adolfo e Karina, que os chamavam de vovô Nofre e vovó Lu. Luíza tudo escutava sempre serena e com um sorriso em seu rosto.

Por volta das oito horas da noite, ela chamou a atenção de Onofre para o canto do quarto.

— Meu querido, é o nosso filho. Henrique está aqui. Ele veio me buscar – e olhou para ele, com lágrimas nos olhos. – Chegou a hora. Certa vez, um anjo veio buscar o nosso Henrique e hoje ele veio me buscar.

E passando, pela última vez a mão no rosto de seu marido, ela se despediu e se foi.

Onofre sofreu com a morte de sua amada companheira, mas não se deixou esmorecer por estar só. Viveu seus últimos anos de vida com sabedoria. Foi mais do que um amigo para todos, foi um grande homem, um exemplo de amor e compaixão.

Quando Onofre desencarnou, Adolfo e Karina cuidaram de todos os preparativos para o seu velório e sepultamento. Toda a comunidade veio dar adeus ao homem que fez grande diferença para aquela cidade. Da mesma forma, quando do velório de Luíza, todos aqueles que lá se encontravam choravam baixinho por mais aquela perda inestimável.

No plano espiritual, Luíza, Henrique, Roberto e muitos amigos estavam reunidos para recebê-lo. A felicidade era geral, pois Onofre tinha conseguido. Saía daquela existência vitorioso.

Henrique o abraçou e, indicando os amigos e familiares tão queridos, disse:

— Agora, meu pai, viva a recompensa de uma vida bem vivida. No passado, você chegou aqui como um devedor de si mesmo, mas agora é um vitorioso por ter extirpado de seu coração as mazelas da culpa e a percepção equivocada dos valores materiais. Sua promessa foi cumprida e muitos foram os beneficiados por ela. Mas nunca se esqueça que o maior beneficiado de todos eles foi você mesmo, meu pai.

Com lágrimas nos olhos, abraçado por seu filho e por sua esposa que tanto amava, Onofre foi para perto de seus amigos que o ampararam e o levaram, satisfeitos, para o início de sua nova vida.

FIM.

Título
Perdão, a chave para a liberdade

Autora
Adriana Machado

Autor Espiritual
Ezequiel

Edição
1ª

ISBN
978-85-63365-63-7

Projeto gráfico e diagramação
Tuane Silva

Capa
Tuane Silva

Preparação de originais
Maria José da Costa e Nilma Helena

Revisão da diagramação
Nilma Helena

Revisão ortográfica
Débora Donadel e Sandra Schamas

Composição
Adobe Indesign CS6 (plataforma Mac)

Páginas
174

Tamanho
Miolo 16x 23 cm
Capa 16 x 23 cm

Tipografia
Texto principal: Calibri
Título: Shockheaded

Margens
16 mm: 23 mm: 26 mm: 20 mm
(superior:inferior:interna;externa)

Mancha
112 mm

Papel
Miolo em Avena 80g
Capa papel Pólen 250g/m²

Cores
Miolo: Black (K)
Capa em 4 x 0 cores CMYK

Gráfica
AtualDV (Curitiba/PR)

Acabamento
Brochura, costurados e colados
Capa com laminação fosca

Tiragem
Sob demanda

Produção
Maio 2021

Nossas Publicações

SÉRIE REFLEXÕES DIÁRIAS

PARA SENTIR DEUS

Nos momentos atuais da humanidade sentimos extrema necessidade da presença de Deus. Ermance Dufaux resgata, para cada um, múltiplas formas de contato com Ele, de como senti-Lo em nossas vidas, nas circunstâncias que nos cercam e nos semelhantes que dividem conosco a jornada reencarnatória. Ver, ouvir e sentir Deus em tudo e em todos.

Wanderley Oliveira | Ermance Dufaux
11 x 15,5 cm
133 páginas

Somente

LIÇÕES PARA O AUTOAMOR

Mensagens de estímulo na conquista do perdão, da aceitação e do amor a si mesmo. Um convite à maravilhosa jornada do autoconhecimento que nos conduzirá a tomar posse de nossa herança divina.

Wanderley Oliveira | Ermance Dufaux
11 x 15,5 cm
128 páginas

Somente

RECEITAS PARA A ALMA

Mensagens de conforto e esperança, com pequenos lembretes sobre a aplicação do Evangelho para o dia a dia. Um conjunto de propostas que se constituem em verdadeiros remédios para nossas almas.

Wanderley Oliveira | Ermance Dufaux
11 x 15,5 cm
146 páginas

Somente

SÉRIE CULTO NO LAR

VIBRAÇÕES DE PAZ EM FAMÍLIA

Quando a família se reune para orar, ou mesmo um de seus componetes, o ambiente do lar melhora muito. As preces são emissões poderosas de energia que promovem a iluminação interior. A oração em família traz paz e fortalece, protege e ampara a cada um que se prepara para a jornada terrena rumo à superação de todos os desafios.

Wanderley Oliveira | Ermance Dufaux
16 x 23 cm
212 páginas

JESUS - A INSPIRAÇÃO DAS RELAÇÕES LUMINOSAS

Após o sucesso de "Emoções que curam", o espírito Ermance Dufaux retorna com um novo livro baseado nos ensinamentos do Cristo, destacando que o autoamor é a garantia mais sólida para a construção de relacionamentos luminosos.

Wanderley Oliveira | Ermance Dufaux
16 x 23 cm
304 páginas

REGENERAÇÃO - EM HARMONIA COM O PAI

Nos dias em que a Terra passa por transformações fundamentais, ampliando suas condições na direção de se tornar um mundo regenerado, é necessário desenvolvermos uma harmonia inabalável para aproveitar as lições que esses dias nos proporcionam por meio das nossas decisões e das nossas escolhas, [...].

Samuel Gomes | Diversos Espíritos
14 x 21 cm
223 páginas

AMOROSIDADE - A CURA DA FERIDA DO ABANDONO

Uma das mais conhecidas prisões emocionais na atualidade é a dor do abandono, a sensação de desamparo. Essa lesão na alma responde por larga soma de aflições em todos os continentes do mundo. Não há quem não esteja carente de ser protegido e acolhido, amado e incentivado nas lutas de cada dia.

Wanderley Oliveira | Ermance Dufaux
16 x 23 cm
300 páginas

SÉRIE DESAFIOS DA CONVIVÊNCIA

QUEM SABE PODE MUITO. QUEM AMA PODE MAIS

A lição central desta obra é mostrar que o conhecimento nem sempre é suficiente para garantir a presença do amor nas relações. "Estar informado é a primeira etapa. Ser transformado é a etapa da maioridade." - Eurípedes Barsanulfo.

Wanderley Oliveira | José Mário
16 x 23 cm
312 páginas

QUEM PERDOA LIBERTA - ROMPER OS FIOS DA MÁGOA ATRAVÉS DA MISERICÓRDIA

Continuação do livro "QUEM SABE PODE MUITO. QUEM AMA PODE MAIS" dando sequência à trilogia "Desafios da Convivência".

Wanderley Oliveira | José Mário
16 x 23 cm
320 páginas

SERVIDORES DA LUZ NA TRANSIÇÃO PLANETÁRIA

Nesta obra recebemos o convite para nos integrar nas fileiras dos Servidores da Luz, atuando de forma consciente diante dos desafios da transição planetária. Brilhante fechamento da trilogia.

Wanderley Oliveira | José Mário
14x21 cm
298 páginas

 SÉRIE **HARMONIA INTERIOR**

LAÇOS DE AFETO - CAMINHOS DO AMOR NA CONVIVÊNCIA

Uma abordagem sobre a importância do afeto em nossos relacionamentos para o crescimento espiritual. São textos baseados no dia a dia de nossas experiências. Um estímulo ao aprendizado mais proveitoso e harmonioso na convivência humana.

Wanderley Oliveira | Ermance Dufaux
16 x 23 cm
312 páginas

 ESPANHOL

MEREÇA SER FELIZ - SUPERANDO AS ILUSÕES DO ORGULHO

Um estudo psicológico sobre o orgulho e sua influência em nossa caminhada espiritual. Ermance Dufaux considera essa doença moral como um dos mais fortes obstáculos à nossa felicidade, porque nos leva à ilusão.

Wanderley Oliveira | Ermance Dufaux
16 x 23 cm
296 páginas

 ESPANHOL

REFORMA ÍNTIMA SEM MARTÍRIO - AUTOTRANSFORMAÇÃO COM LEVEZA E ESPERANÇA

As ações em favor do aperfeiçoamento espiritual dependem de uma relação pacífica com nossas imperfeições. Como gerenciar a vida íntima sem adicionar o sofrimento e sem entrar em conflito consigo mesmo?

Wanderley Oliveira | Ermance Dufaux
16 x 23 cm
288 páginas

 ebook | ESPANHOL | INGLÊS

ESCUTANDO SENTIMENTOS - A ATITUDE DE AMAR-NOS COMO MERECEMOS

Ermance afirma que temos dado passos importantes no amor ao próximo, mas nem sempre sabemos como cuidar de nós, tratando-nos com culpas, medos e outros sentimentos que não colaboram para nossa felicidade.

Wanderley Oliveira | Ermance Dufaux
16 x 23 cm
256 páginas

 ebook | ESPANHOL

PRAZER DE VIVER - CONQUISTA DE QUEM CULTIVA A FÉ E A ESPERANÇA

Neste livro, Ermance Dufaux, com seus ensinos, nos auxilia a pensar caminhos para alcançar nossas metas existenciais, a fim de que as nossas reencarnações sejam melhor vividas e aproveitadas.

Wanderley Oliveira | Ermance Dufaux
16 x 23 cm
248 páginas

 ebook

DIFERENÇAS NÃO SÃO DEFEITOS - A RIQUEZA DA DIVERSIDADE NAS RELAÇÕES HUMANAS

Ninguém será exatamente como gostaríamos que fosse. Quando aprendemos a conviver bem com os diferentes e suas diferenças, a vida fica bem mais leve. Aprenda esse grande SEGREDO e conquiste sua liberdade pessoal.

Wanderley Oliveira | Ermance Dufaux
16 x 23 cm
248 páginas

 ebook

EMOÇÕES QUE CURAM - CULPA, RAIVA E MEDO COMO FORÇAS DE LIBERTAÇÃO

Um convite para aceitarmos as emoções como forma terapêutica de viver, sintonizando o pensamento com a realidade e com o desenvolvimento da autoaceitação.

Wanderley Oliveira | Ermance Dufaux
16 x 23 cm
272 páginas

SÉRIE AUTOCONHECIMENTO

QUAL A MEDIDA DO SEU AMOR?

Propõe revermos nossa forma de amar, pois estamos mais próximos de uma visão particularista do que de uma vivência autêntica desse sentimento. Superar limites, cultivar relações saudáveis e vencer barreiras emocionais são alguns dos exercícios na construção desse novo olhar.

Wanderley Oliveira | Ermance Dufaux
16 x 23 cm
208 páginas

APAIXONE-SE POR VOCÊ

Você já ouviu alguém dizer para outra pessoa: "minha vida é você"?
Enquanto o eixo de sua sustentação psicológica for outra pessoa, a sua vida estará sempre ameaçada, pois o medo da perda vai rondar seus passos a cada minuto.

Wanderley Oliveira
16 x 23 cm
152 páginas

DESCOMPLIQUE, SEJA LEVE

Um livro de mensagens para apoiar sua caminhada na aquisição de uma vida mais suave e rica de alegrias na convivência.

Wanderley Oliveira
16 x 23 cm
238 páginas

A VERDADE ALÉM DAS APARÊNCIAS - O UNIVERSO INTERIOR

Liberte-se da ansiedade e da angústia, direcionando o seu espírito para o único tempo que realmente importa: o presente. Nele você pode construir um novo olhar, amplo e consciente, que levará você a enxergar a verdade além das aparências.

Samuel Gomes
14 x 21 cm
272 páginas

7 CAMINHOS PARA O AUTOAMOR

O tema central dessa obra é o autoamor que, na concepção dos educadores espirituais, tem na autoestima o campo elementar para seu desenvolvimento. O autoamor é algo inato, herança divina, enquanto a autoestima é o serviço laborioso e paciente de resgatar essa força interior, ao longo do caminho de volta à casa do Pai.

Wanderley Oliveira | Pai João de Angola
16 x 23 cm
272 páginas

FALA, PRETO VELHO

Um roteiro de autoproteção energética através do autoamor. Os textos aqui desenvolvidos permitem construir nossa proteção interior por meio de condutas amorosas e posturas mentais positivas, para criação de um ambiente energético protetor ao redor de nossas vidas.

Wanderley Oliveira | Pai João de Angola
16 x 23 cm
291 páginas

DEPRESSÃO E AUTOCONHECIMENTO - COMO EXTRAIR PRECIOSAS LIÇÕES DESSA DOR

A proposta de tratamento complementar da depressão aqui abordada tem como foco a educação para lidar com nossa dor, que muito antes de ser mental, é moral.

Wanderley Oliveira
16 x 23 cm
235 páginas

APOCALIPSE SEGUNDO A ESPIRITUALIDADE - O DESPERTAR DE UMA NOVA CONSCIÊNCIA

Num curso realizado em uma colônia do plano espiritual, o livro Apocalipse, de João Evangelista, é estudado de forma dinâmica e de fácil entendimento, desvendando a simbologia das figuras místicas sob o enfoque do autoconhecimento.

Samuel Gomes
16 x 23 cm
313 páginas

A REDENÇÃO DE UM EXILADO

A obra traz informações sobre a formação da civilização, nos primórdios da Terra, que contou com a ajuda do exílio de milhões de espíritos mandados para cá para conquistar sua recuperação moral e auxiliar no desenvolvimento das raças e da civilização. É uma narrativa do Apóstolo Lucas, que foi um desses enviados, e que venceu suas dificuldades íntimas para seguir no trabalho orientado pelo Cristo.

Samuel Gomes | Lucas
16 x 23 cm
368 páginas

ebook

CONECTE-SE A VOCÊ - O ENCONTRO DE UMA NOVA MENTALIDADE QUE TRANSFORMARÁ A SUA VIDA

Este livro vai te estimular na busca de quem você é verdadeiramente. Com leitura de fácil assimilação, ele é uma viagem a um país desconhecido que, pouco a pouco, revela características e peculiaridades que o ajudarão a encontrar novos caminhos. Para esta viagem, você deve estar conectado a sua essência. A partir daí, tudo que você fizer o levará ao encontro do propósito que Deus estabeleceu para sua vida espiritual.

Rodrigo Ferretti
16 x 23 cm
256 páginas

ebook

SÉRIE REGENERAÇÃO

FUTURO ESPIRITUAL DA TERRA

As necessidades, as estruturas perispirituais e neuropsíquicas, o trabalho, o tempo, as características sociais e os próprios recursos de natureza material se tornarão bem mais sutis. O futuro já está em construção e André Luiz, através da psicografia de Samuel Gomes, conta como será o Futuro Espiritual da Terra.

Samuel Gomes | André Luiz
16 x 23 cm
344 páginas

ebook

XEQUE-MATE NAS SOMBRAS - A VITÓRIA DA LUZ

André Luiz traz notícias das atividades que as colônias espirituais, ao redor da Terra, estão realizando para resgatar os espíritos que se encontram perdidos nas trevas e conduzi-los a passar por um filtro de valores, seja para receberem recursos visando a melhorar suas qualidades morais – se tiverem condições de continuar no orbe – seja para encaminhá-los ao degredo planetário.

Samuel Gomes | André Luiz
16 x 23 cm
212 páginas

ebook

A DECISÃO - CRISTOS PLANETÁRIOS DEFINEM O FUTURO ESPIRITUAL DA TERRA

"Os Cristos Planetários do Sistema Solar e de outros sistemas se encontram para decidir sobre o futuro da Terra na sua fase de regeneração. Numa reunião que pode ser considerada, na atualidade, uma das mais importantes para a humanidade terrestre, Jesus faz um pronunciamento direto sobre as diretrizes estabelecidas por Ele para este período."

Samuel Gomes | André Luiz e Chico Xavier
16 x 23 cm
210 páginas

SÉRIE ESTUDOS DOUTRINÁRIOS

ATITUDE DE AMOR

Opúsculo contendo a palestra "Atitude de Amor" de Bezerra de Menezes, o debate com Eurípedes Barsanulfo sobre o período da maioridade do Espiritismo e as orientações sobre o "movimento atitude de amor". Por uma efetiva renovação pela educação moral.

Wanderley Oliveira | Ermance Dufaux e Cícero Pereira
14 x 21 cm
94 páginas

SEARA BENDITA

Um convite à reflexão sobre a urgência de novas posturas e conceitos. As mudanças a adotar em favor da construção de um movimento social capaz de cooperar com eficácia na espiritualização da humanidade.

Wanderley Oliveira e Maria José Costa | Diversos Espíritos
14 x 21 cm
284 páginas

Gratuito em nosso site, somente em:

NOTÍCIAS DE CHICO

"Nesta obra, Chico Xavier afirma com seu otimismo natural que a Terra caminha para uma regeneração de acordo com os projetos de Jesus, a caracterizar-se pela tolerância humana recíproca e que precisamos fazer a nossa parte no concerto projetado pelo Orientador Maior, principalmente porque ainda não assumimos responsabilidades mais expressivas na sustentação das propostas elevadas que dizem respeito ao futuro do nosso planeta."

Samuel Gomes | Chico Xavier
16 x 23 cm
181 páginas

SÉRIE ROMANCE MEDIÚNICO

OS DRAGÕES - O DIAMANTE NO LODO NÃO DEIXA DE SER DIAMANTE

Um relato leve e comovente sobre nossos vínculos com os grupos de espíritos que integram as organizações do mal no submundo astral.

Wanderley Oliveira | Maria Modesto Cravo
16 x 23cm
522 páginas

LÍRIOS DE ESPERANÇA

Ermance Dufaux alerta os espíritas e lidadores do bem de um modo geral, para as responsabilidades urgentes da renovação interior e da prática do amor neste momento de transição evolutiva, através de novos modelos de relação, como orientam os benfeitores espirituais.

Wanderley Oliveira | Ermance Dufaux
16 x 23 cm
508 páginas

AMOR ALÉM DE TUDO

Regras para seguir e rótulos para sustentar. Até quando viveremos sob o peso dessas ilusões? Nessa obra reveladora, Dr. Inácio Ferreira nos convida a conhecer a verdade acima das aparências. Um novo caminho para aqueles que buscam respeito às diferenças e o AMOR ALÉM DE TUDO.

Wanderley Oliveira | Inácio Ferreira
16 x 23 cm
252 páginas

ABRAÇO DE PAI JOÃO

Pai João de Angola retorna com conceitos simples e práticos, sobre os problemas gerados pela carência afetiva. Um romance com casos repletos de lutas, desafios e superações. Esperança para que permaneçamos no processo de resgate das potências divinas de nosso espírito.

Wanderley Oliveira | Pai João de Angola
16 x 23 cm
224 páginas

UM ENCONTRO COM PAI JOÃO

A obra também fala do valor de uma terapia, da necessidade do autoconhecimento, dos tipos de casamentos programados antes do reencarne, dos processos obsessivos de variados graus e do amparo de Deus para nossas vidas por meio dos amigos espirituais e seus trabalhadores encarnados. Narra também em detalhes a dinâmica das atividades socorristas do centro espírita.

Wanderley Oliveira | Pai João de Angola
16 x 23 cm
220 páginas

O LADO OCULTO DA TRANSIÇÃO PLANETÁRIA

O espírito Maria Modesto Cravo aborda os bastidores da transição planetária com casos conectados ao astral da Terra.

Wanderley Oliveira | Maria Modesto Cravo
16 x 23 cm
288 páginas

PERDÃO - A CHAVE PARA A LIBERDADE

Neste romance revelador, conhecemos Onofre, um pai que enfrenta a perda de seu único filho com apenas oito anos de idade. Diante do luto e diversas frustrações, um processo desafiador de autoconhecimento o convida a enxergar a vida com um novo olhar. Será essa a chave para a sua libertação?

Adriana Machado | Ezequiel
14 x 21 cm
288 páginas

1/3 DA VIDA - ENQUANTO O CORPO DORME A ALMA DESPERTA

A atividade noturna fora da matéria representa um terço da vida no corpo físico, e é considerada por nós como o período mais rico em espiritualidade, oportunidade e esperança.

Wanderley Oliveira | Ermance Dufaux
16 x 23 cm
279 páginas

NEM TUDO É CARMA, MAS TUDO É ESCOLHA

Somos todos agentes ativos das experiências que vivenciamos e não há injustiças ou acasos em cada um dos aprendizados.

Adriana Machado | Ezequiel
16 x 23 cm
536 páginas

SÉRIE ESPÍRITOS DO BEM

GUARDIÕES DO CARMA - A MISSÃO DOS EXUS NA TERRA

Pai João de Angola quebra com o preconceito criado em torno dos exus e mostra que a missão deles na Terra vai além do que conhecemos. Na verdade, eles atuam como guardiões do carma, nos ajudando nos principais aspectos de nossas vidas.

Wanderley Oliveira | Pai João de Angola
16 x 23 cm
288 páginas

GUARDIÃS DO AMOR - A MISSÃO DAS POMBAGIRAS NA TERRA

"São um exemplo de amor incondicional e de grandeza da alma. São mães dos deserdados e angustiados. São educadoras e desenvolvedoras do sagrado feminino, e nesse aspecto são capazes de ampliar, nos homens e nas mulheres, muitas conquistas que abrem portas para um mundo mais humanizado, [...]".

Wanderley Oliveira | Pai João de Angola
16 x 23 cm
232 páginas

GUARDIÕES DA VERDADE - NADA FICARÁ OCULTO

Neste momento de batalhas decisivas rumo aos tempos da regeneração, esta obra é um alerta que destaca a importância da autenticidade nas relações humanas e da conduta ética como bases para uma forma transparente de viver. A partir de agora, nada ficará oculto, pois a Verdade é o único caminho que aguarda a humanidade para diluir o mal e se estabelecer na realidade que rege o universo.

Wanderley Oliveira | Pai João de Angola
16 x 23 cm
236 páginas

SÉRIE FAMÍLIA E ESPIRITUALIDADE

UM JOVEM OBSESSOR - A FORÇA DO AMOR NA REDENÇÃO ESPIRITUAL

Um jovem conta sua história, compartilhando seus problemas após a morte, falando sobre relacionamentos, sexo, drogas e, sobretudo, da força do amor na redenção espiritual.

Adriana Machado | Jefferson
16 x 23 cm
392 páginas

UM JOVEM MÉDIUM - CORAGEM E SUPERAÇÃO PELA FORÇA DA FÉ

A mediunidade é um canal de acesso às questões de vidas passadas que ainda precisam ser resolvidas. O livro conta a história do jovem Alexandre que, com sua mediunidade, se torna o intermediário entre as histórias de vidas passadas daqueles que o rodeiam tanto no plano físico quanto no plano espiritual. Surpresos com o dom mediúnico do menino, os pais, de formação Católica, se veem às voltas com as questões espirituais que o filho querido traz para o seio da família.

Adriana Machado | Ezequiel
16 x 23 cm
365 páginas

SÉRIE CONSCIÊNCIA DESPERTA

SAIA DO CONTROLE - UM DIÁLOGO TERAPEUTICO E LIBERTADOR ENTRE A MENTE E A CONSCIÊNCIA

Agimos de forma instintiva por não saber observar os pensamentos e emoções que direcionam nossas ações de forma condicionada. Por meio de uma observação atenta e consciente, identificando o domínio da mente em nossas vidas, passamos a viver conscientes das forças internas que nos regem.

Rossano Sobrinho
16 x 23 cm
268 páginas